阅读成就思想……

Read to Achieve

高潜人才

培养下一代领导者

（修订版）

田效勋　刘瑞利　王康财○编著

HIPOS
DEVELOPING THE NEXT GENERATION OF LEADERS

中国人民大学出版社
·北京·

图书在版编目（CIP）数据

高潜人才：培养下一代领导者 / 田效勋，刘瑞利，王康财编著. -- 修订版. -- 北京：中国人民大学出版社，2024.6
ISBN 978-7-300-32810-2

Ⅰ. ①高… Ⅱ. ①田… ②刘… ③王… Ⅲ. ①企业管理－人才培养 Ⅳ. ①F272.92

中国国家版本馆CIP数据核字(2024)第095240号

高潜人才：培养下一代领导者（修订版）

田效勋　刘瑞利　王康财　编著

GAOQIAN RENCAI：PEIYANG XIA YI DAI LINGDAOZHE（XIUDINGBAN）

出版发行	中国人民大学出版社		
社　　址	北京中关村大街31号	邮政编码	100080
电　　话	010-62511242（总编室）	010-62511770（质管部）	
	010-82501766（邮购部）	010-62514148（门市部）	
	010-62515195（发行公司）	010-62515275（盗版举报）	
网　　址	http://www.crup.com.cn		
经　　销	新华书店		
印　　刷	天津中印联印务有限公司		
开　　本	720 mm×1000 mm　1/16	版　次	2024年6月第1版
印　　张	14.25　插页1	印　次	2024年6月第1次印刷
字　　数	165 000	定　价	69.90元

版权所有　　侵权必究　　印装差错　　负责调换

前 言
PREFACE

有人这样描述战略和执行的关系：有战略却不执行，是在做白日梦；有执行却无战略，是在做噩梦；若无领导力，二者皆是镜中花、水中月。这段话也强调了领导力的重要性。本书关注的是组织未来领导力的供给，即通过选拔和培养高潜人才，增强组织的人才储备实力。对于正在成长或变革中的组织来说，选拔和培养高潜人才是最高优先级的人才管理活动。高潜人才对组织当前和未来的成功都很重要，尤其是在 BANI[①] 时代，组织期望新一代领导者能够引领组织的持续发展。

当今，全球已经进入了数字化时代。截至 2024 年 3 月 6 日，全球市值排名前 10 的公司是微软、苹果、英伟达、沙特阿美、亚马逊、Alphabet（谷歌母公司）、Meta Platforms（原 Facebook）、伯克希尔哈撒韦、礼来、台积电。[②] 在这十家公司中，有五家是靠数字化快速扩张的公司，这五家公司的市值都超过了 1 万亿美元，排名第一的微软公司的市值为 2.99 万亿美元。这些公司几乎都是闪电式扩张的代表，以美国公司为主。它们以及那些正在快速成长的创新型公司正在彻底改变着人们的生

[①] BANI 分别是脆弱（brittle）、焦虑（anxious）、非线性（nonlinear）和不可理解（incomprehensible）这几个英文单词的首字母。

[②] https://companiesmarketcap.com/.

活方式，同时也淘汰了一大批传统企业。组织要想赢得未来，就必须加速培养一批具备新思维和新能力的人才。

及时、连续和高质量的领导力补给将为一个组织的可持续发展提供坚实的关键人才基础。当关键岗位出现人员空缺时，组织都期望在不降低标准、不依赖外部引入的前提下，随时有内部人员可以接任，而且这个人的能力比前任更强。组织希望下一代领导者（"后浪"）不仅具备高于"前浪"的水平，而且具备新的、不一样的能力组合。然而，全球经济和技术存在的极大不确定性要求未来的领导者能够扮演新的角色，我们很难清晰地界定这些新角色需要具备哪些能力，尤其在目前这个动荡多变的商业时代。这为领导力的补给增加了难度，我们无法继续使用原来的能力模型来发现和培养人才。从实践来看，一段时间以来，加大优秀年轻管理者的选拔和使用力度，打造一支能够满足未来发展需要的高素质、专业化管理者队伍，是中国诸多头部企业人才管理方面的焦点工作之一。尤其是那些出现严重的人才断档或管理者队伍"青黄不接"的企业，它们更加重视领导力补给线（leadership pipeline）的建设。

高潜人才项目（Hipos Program）是组织确保落地梯队人才供应的一种战略性干预手段。如何确保高潜人才项目的实施效果是很多组织十分头疼的事情。本书基于北京智鼎管理咨询有限公司（以下简称智鼎公司）20年的人才管理实践，对高潜人才项目的设计和实施进行了系统性论述。实践经验告诉我们，高潜人才项目需要组织从战略需求出发，明确高潜人才的标准，应用科学的测评方法选拔高潜人才，并以学员为中心，综合运用多种发展方法，帮助他们在学习旅程中获得加速成长，为新的领导角色做好准备。高潜人才的发展既要有横向的水平发展（horizontal development），又要有纵向的垂直发展（vertical development）。水平发展是指知识、技能和胜任行为的增加，而垂直发展则是指思维力的进阶，也就是学员要有能力以更加复杂、更加系统、更加具有战略性和共生的方式进行思考，更强调思维倾向、身份、心智模式的转换，最终目标是转换思考方式。在领导力发展方法中，如果能够充分体现EASE[①]因素，就更有可能发生质变学习。这是本书的核心方法论之一，贯穿高潜人才项目的培养阶段。如果学员经历的发展活动有挑战性，有评估和觉察自我的机会，有支持人和支持环境，他们就更容易实现质变学习，而质变学习能够

---

① EASE是评估（evaluation）、觉察（awareness）、支持（support）和历练（experiences）四个英文单词的首字母缩写。

促进他们实现垂直发展。

　　本书共 13 章。第 1 章提出了设计和实施高潜人才项目的七条指导原则。第 2 章和第 3 章聚焦于高潜人才的选拔（先有标准，后选拔）。当确定了学员之后，组织需要开展深入的需求分析，确定学员的发展内容和项目目标，这是第 4 章的主要内容。从第 5 章开始，我们将介绍高潜人才项目的培养阶段：第 5 章先提出总体的人才发展方法论，第 6 章至第 10 章介绍五种高潜人才发展方法，第 11 章整合了五种发展方法，并帮助组织学会站在学员角度来设计学习旅程。第 12 章介绍了高潜人才项目的实施要点，侧重于高潜人才项目发展阶段的实施。第 13 章介绍了如何对高潜人才项目进行评估（包括过程评估和结果评估）以及如何对学员进行评价（看看他们是否已经为新的领导角色做好了准备）。

　　本书是集体智慧的结晶。在此，我向智鼎公司人才测评和发展事业部的全体同仁表示感谢，你们为本书提供了许多真知灼见，也在文字修改方面付出了大量的时间和精力。我还要感谢完美世界公司的刘建新女士、培训专家马成功先生和诺和诺德公司的王淑红女士，你们提供的案例和观点为本书提供了很有力的支持。最后还要感谢智鼎公司的客户，正是在为你们提供服务的实践中所积累的这些经验才使这本书更有实践性。

　　写书是一件遗憾的事情，总觉得有不完美之处。如读者发现有不妥之处，敬请反馈和指正。

目 录
CONTENTS

第 1 章 高潜人才项目概要

  实施高潜人才项目，加速人才成长　//　3
  高潜人才项目的指导原则　//　4

第 2 章 高潜人才的标准

  什么是高潜人才　//　13
  高潜人才的标准　//　14
  基于 MAP 人才框架的六个潜力因素　//　16

第 3 章 高潜人才选拔

  高潜人才选拔的基本流程　//　23
  高潜人才的测评方法　//　27

第 4 章 需求分析和高潜人才项目的目标设定

为"卓越"画像　// 53

需求分析　// 59

发展内容的确定　// 62

高潜人才项目的目标设定　// 66

第 5 章 高潜人才发展方法论：EASE 模型

EASE 模型简介　// 71

质变学习与领导力的垂直发展　// 75

用 EASE 模型促进质变学习　// 79

第 6 章 课堂培训

不可或缺的课堂培训　// 85

课堂培训可以采用的学习活动形式　// 86

课堂培训的补充学习方式　// 90

课堂培训的讲师来源　// 91

讲师变身引导师　// 92

课堂培训之后的跟进　// 93

EASE 模型在课堂培训中的应用　// 94

自己组织课堂培训还是去参加外部培训　// 95

第 7 章 行动学习

行动学习及其发展　// 103

高潜人才项目中采用行动学习的益处　// 110

行动学习项目的实施　// 112

行动学习的实例　// 115

EASE 模型在行动学习中的应用　// 116

第 8 章　发展型经历

发展型经历　//　119

发展型任务　//　121

轮岗　//　124

促进学员从发展型经历中学习　//　128

EASE 模型在发展型经历中的应用　//　130

第 9 章　测评反馈与个人发展计划

测评及其工具　//　135

反馈　//　143

制订个人发展计划　//　144

EASE 模型在测评反馈和个人发展计划中的应用　//　150

第 10 章　导师指导与教练辅导

导师指导　//　153

教练辅导　//　159

EASE 模型在导师指导和教练辅导中的应用　//　163

第 11 章　学习旅程设计

学习是一个旅程，不是一个事件　//　167

学习旅程的构成和设计　//　169

第 12 章　高潜人才项目的实施要点

赢得高层重视并使其参与其中　//　181

确保各方协调一致和密切配合　//　183

开好高潜人才项目启动会，踢稳第一脚　//　185

调动和保持学员的学习热情　//　187

促进学习的转化　//　188

过程的跟踪和调整　//　191

案例：如何确保高潜人才项目的成功实施　//　192

第13章　高潜人才项目评估

对项目满足各方期望程度进行评估　//　201

展现项目价值　//　206

项目复盘　//　208

学员再评价　//　211

参考文献　//　217

HIPOS

第1章

高潜人才项目概要

  高潜人才项目是加速高潜人才成长的一种战略性干预手段，是领导力发展项目之一，需要组织专门设计和精心实施。高潜人才项目的重点在于发现和培养人才，扩展他们与领导角色相关的知识、技能和能力，加速他们的成长，并进一步评估他们是否为胜任新的领导角色做好了准备。

家有余粮，心里不慌。

——中国谚语

实施高潜人才项目，加速人才成长

全球权威咨询分析机构高德纳公司（Gartner）的研究表明，高潜人才在工作时的投入比普通人多21%，产生的价值比普通人高91%。在组织内部发现、培养和使用高潜人才是驱动组织持续发展的关键因素之一。组织需要及早识别出高潜人才并着力培养，为其提供机会，加速其成长。另外，对高潜人才不能沿用传统的培养方式，因为按部就班的进步无法满足组织发展的需求，尤其是那些在未来将有可能担任高管的高潜人才，其成长的黄金年龄是35岁至44岁，组织需要在这个时间段内为他们精心设计成长路径和培养方式。

高潜人才项目是加速高潜人才成长的一种战略性干预手段，是领导力发展项目之一，需要组织专门设计和精心实施。高潜人才项目的重点在于发现人才，扩展他们与领导角色相关的知识、技能和能力，加速他们的成长，并进一步评估他们是否为胜任新的领导角色做好了准备。在高潜人才项目中，组织对高潜人才的测评是一体化的。

高潜人才项目主要由两个部分构成，即发现高潜人才和培养高潜人才。发现高潜人才需要基于组织对"潜力"的独特定义和精心选择的测评方法。培养高潜人才是为他们提供发展机会，为组织内部未来的领导角色培养候选人，增强组织的人才储备实力。

在高潜人才供给方面，有的组织是被动反应型的，即只有当无人可用时才意识到为时已晚；有的组织会比较积极地去发现和培养高潜人才；还有一些更值得我们学习的组织，它们会未雨绸缪，前瞻性地看到发掘和培养高潜人才的战略性需求，并进行统筹规划，在组织文化和机制建设上做好充分的准备。

高潜人才项目是需求驱动的，但需要人力资源部门来撬动。例如，人力资源部门可以先启动一个人才盘点项目，通过数据让高管层看到人才储备实力的薄弱；或者通过核心人才离职后无人可以接任的触动型事件来提议启动高潜人才项目。从我的实践来看，在组织的一把手就职一个季度后，如果有需要，就是启动高潜人才项目的一个绝佳时机。如果一把手需要管理者辅助其工作，就需要对现任管理者下一个层级的人员进行盘点和培养。无人可用，再好的战略也执行不了。另外，如果组织面临转型（如传统的金融机构转型为科技引领的数字化金融机构），就需要新型管理者，那么此时也是启动高潜人才项目的一个好时机。

设计和实施高潜人才项目需要遵循一些基本原则。在这些原则的指导下，组织可以明确选拔高潜人才的标准；进行需求分析，设定项目目标；选择恰当的发展方法，开启高潜人才的学习旅程；最后进行项目评估。这些就是本书要阐述的主要内容。

高潜人才项目的指导原则

Corporate Executive Board（CEB）公司的调研发现，全球大约有一半的组织在高潜人才识别、培养和保留等方面的工作是无效的。结合案例和亲身实践，我们总结了做好高潜人才项目的七个关键性指导原则。遵循这些原则，组织可以显著提高高潜人才项目的有效性和投资回报率。

1. 高层管理者应支持和参与高潜人才项目

高层管理者应该成为高潜人才项目最终的责任主体。组织在高潜人才项目上投入了很多时间和资源，要想取得成效就需要高层管理者的支持、直接参与和推动。在发现和培养高潜人才方面，高层管理者应该以身作则，起到模范带头作用，以营造注重人才发展的组织文化。

高潜人才项目需要持续实施，而不应是一时冲动的决定。人才驱动的组织将在终身学习和领导人才的培养等方面进行长期投入。高层管理者的重视和参与将促进人才管理系统更加支持高潜人才项目。组织将意识到，高潜人才不再是专属于某个部门的资源，而是整个组织的资源，其职业发展通道应该是畅通无阻的。高层管理者应想方设法地让学员以及那些未来可能加入项目的人才感受到组织对人才培养的重视程度，如经常讨论梯队培养、系统地安排轮岗以及尽可能从高潜人才库中提拔干部等。

通用电气（GE）的前 CEO 杰克·韦尔奇非常重视发掘高潜人才。《杰克·韦尔奇自传》一书中的一段话非常有力地证明了这一点。

> 在过去的几年里，我们都是在吃午餐的时候与各类"高潜力"员工见面。我们为每个人安排了一名辅导人，这名辅导人来自公司现有的领导团队。……我们要做的是人力资源开发，而且要使用产品开发那样的运作手段。在这里，被辅导人就是产品。公司的领导和他们的辅导人有义务去开发这些产品。也就是说，他们要么使被辅导人具有 A 类的水平，要么找到新人。在吃午餐的过程中，我们会就这些辅导项目展开坦率的对话。辅导人和被辅导人都要接受那些严格的规则，而且在我们的绩效文化中，双方都能懂得，他们每一个人都有责任来开发出一个优质产品，并以此衡量业绩。公司的高管对此负有责任。我们的制度是有效的，1999 年，被辅导人中有超过 80% 的人都得到了提拔。

杰克·韦尔奇每个月都要去通用电气位于美国纽约州克罗顿维尔小镇的领导力培训中心一到两次，每次待上四个小时。在 20 多年中，他与 18 000 名公司管理者进行了直接沟通。高层管理者的参与不仅对于在组织内部营造人才培养氛围很重要，而且会影响各级管理者积极投入培养和辅导高潜人才的工作中。

2. 高潜人才项目应与组织的战略和文化紧密联系

高潜人才项目培养的是下一代领导者，这就决定了该项目必须与组织战略紧密联系起来，以帮助组织迎接业务上的挑战，并实现战略目标。

高潜人才项目的培养目标应紧扣组织战略发展的需要，所以需要厘清以下问题：组织今后的战略重点是什么？组织需要培育哪些核心能力？组织在哪个层次的人才储备实力最为薄弱？等等。

在选择高潜人才项目的培养内容时，组织应考虑到战略转型的最新需要。例如，在行动学习中，在战略性业务问题的范围内选择主题将更有价值；在课堂培训项目中，我国多家银行都在高潜人才培养项目中加入了提升数字化能力的模块。2019 年 5 月，建行大学华南学院面向建行深圳分行 35 岁以下优秀的青年管理人才，在香港科技大学举办了数字化转型培训班,课程内容包括领导力与决策、数字化转型战略、技术驱动企业创新、金融科技、大数据与商业分析以及数字营销。我们可以看出,这次培训班与该行的数字化转型战略是紧密联系在一起的。

高潜人才项目中的高潜人才选拔、测评和培养方式都要与组织文化相一致。如果要实施360度评估,就需要组织具备开放和平等的文化,这样才能有客观的反馈信息;如果要实施行动学习,就需要高度信任的文化,这样才会有好的学习效果。

3. 高潜人才项目应以提升领导胜任力为核心

着眼于未来的高潜人才项目应该侧重于提升组织需要的未来领导者所必须具备的能力素质。项目要围绕目标角色的领导胜任力模型(即领导力模型)开展培养活动。如果没有领导胜任力模型就需要进行定制开发,并使用组织成员能够理解的语言来描述这些胜任力。有些胜任力虽然很重要,但培养难度非常大,不必列入其中;有些胜任力需要通过选拔流程予以确保,如复原力等。

这条指导原则看似平常,却很有实践意义。很多高潜人才项目都以在课堂上提供信息性学习为重点,缺乏在真实工作情境中的胜任力训练,这就算不上是以提升领导胜任力为核心的项目。以提升领导胜任力为核心的项目应该为学员提供参与战略规划、新产品选择等的实践机会。

领导者自我意识的进化会促进领导胜任力的提升。促进自我意识的进化也是高潜人才项目的一个重点。美国阿克伦(Akron)大学心理系教授洛德等人认为,领导者的发展进程分为三个阶段:初级、中级和专家级。[1] 初级领导者想让自己看起来像领导者,所以他们关注的是如何彰显自己的独特性。他们在考虑集体问题时欠缺经验,通常抛开他人而只考虑自己的行动。中级领导者具备更多的面对具体情境的知识,他们已经从自我导向转变为将他人纳入自己的视野。专家级领导者不仅能够理解集体背景下的自我,而且能够理解他人与集体的关系,还能够调整自己的行为去适应环境和他人。他们对自己有充分的了解,能够在各种情况下与持不同观点的人一起高效工作。他们能够包容所有人的组织身份,并用这个共同身份来确保群体承诺向同一个方向前进。

---

[1] 摘编自《CCL领导力开发手册》。

4. 高潜人才项目应符合高潜人才的学习特点

一方面，高潜人才对自己的职业发展抱有很高的期望，渴望学习新东西。所以在设计和实施高潜人才项目时要利用这个特点，发挥高潜人才自主学习的意识和能力，使他们成为自主学习者（self-directed learner）而不是被动学习者，实现"我的学习我做主"，而不是以讲师、教练和导师等为中心。高潜人才项目的终极目标是实现高潜人才自主学习，对自己的学习负责，主动利用组织提供的资源来不断地提升自我，而不仅仅是在项目实施期间这样做。组织可以通过项目"授人以渔"，指导学员在日常生活和工作中制定自我开发的策略和使用自我培养的工具和知识，学会自我成长。

另一方面，成人的学习特点不同于在校学生。当他们能够获得经验并解决实际问题，或者当学习内容具有即时的实用价值时，他们学得最好。因此，高潜人才项目应符合成人的学习规律，而且所提供的学习经历必须是吸引人且互动性和体验性强的。

以下概述了成人学习者的特点和给讲师的建议，供大家在实践中参考。[①]

- **实用导向：**
  ✓ 在工作环境中，成人不会为了学习而学习；
  ✓ 成人在学习之前会思考学习的理由，他们想知道"这对我有什么好处；
  ✓ 理论、概念、案例和实践的关联性明确、清晰，希望看到实际运用的案例。

- **目标导向：**
  ✓ 相对于以内容为中心的方法，成人更青睐以问题为中心的方法；
  ✓ 成人想知道课程将怎样帮助自己达成目标。

- **从体验中学习：**
  ✓ 在安全环境下，成人需要模拟、角色扮演和练习实践的机会，应用新知识和技能进行练习；
  ✓ 给予正确行为的强化反馈，对失误进行反思。

[①] 摘编自《将培训转化为商业结果：学习发展项目的6Ds法则（第3版）》。

- **需要被尊重：**
  ✓ 成人拥有丰富的经验和知识，这应该被认同和尊重；
  ✓ 在课堂上平等地对待成人学习者，并鼓励他们分享智慧和观点；
  ✓ 绝不能取笑成人学习者或"以高人一等的口气"与他们说话。

- **自主学习和自我导向学习：**
  ✓ 成人需要积极参与到培训的过程（如小组讨论、演说等）中，并在活动中承担责任；
  ✓ 当讲师作为引导者推进课程时，成人学习是最有效的，讲师需要引导学习者自己获取知识和得出结论，而不是仅仅把事实告诉他们。

5. "量体裁衣"原则

高潜人才项目中的量体裁衣原则体现在两个方面：一是为特定学员群体定制设计培养目标和培养活动；二是实现学员个体的个性化。第一个方面大家都能够理解，毕竟每个学员群体需要提升的方面和培养方法是有差异的。第二个方面，针对学员个体量体裁衣的原因是，不同的高潜人才需要发展的能力有差异；即便需要发展的能力是相同的，目前的发展水平也有差异；每位高潜人才的个性不同，导致他们偏好的学习方式也有差异，即有的喜欢在互动中学习，有的喜欢通过独立思考来学习。因此，高潜人才项目要精细化，并提供胜任力发展水平的诊断工具。如果不同背景和经历的学员在某些胜任力方面的发展水平不一致，那就需要帮助他们找到自己的特殊发展领域，满足个性化需求。从培养方法看，有的方法本身就是个性化实施的。以轮岗为例，轮岗需要考虑每个人的能力发展需求差异。高潜人才项目应该帮助学员个体制订个性化发展计划，确保学习活动和资源利用效果和效率的最大化。

6. 培养与使用高潜人才相结合

高潜人才项目是集发现、培养和使用人才等环节为一体的连贯链条，项目能否成功取决于各个环节是否可以无缝衔接。只培养不使用或者没有用人需求，培养也就失去了价值。因此，组织需要使高潜人才项目与继任规划相互协调，也就是说，如果组织能够及时提拔和使用高潜人才库中准备度高的人，高潜人才项目就更有吸引力和价值。另外，对于那些还不成熟的高潜人才，组织也可以给予他们真实、困难、具有挑战性的任务或轮岗机会，先将他们用起来，在使用中培养。将高潜人才放在真正的"战场"上磨炼也能够让高层看到高潜人才的实际表现。

对很多互联网科技企业而言，由于市场和技术变化太快，高潜人才很可能在培养过程中就被用起来。因此，对这些企业而言，实施高潜人才项目时需要项目团队和人力资源部门保持密切沟通，协调一致。

7. 与人才管理的其他职能紧密连接

培养高潜人才需要各级领导者付出时间和精力，需要他们具备长远眼光和大局意识。如果相应的人力资源体系能够支持他们这样做，高潜人才项目的实施就会更顺利。例如，如果企业有定期进行人才盘点的机制，就会促使各级管理者对高潜人才的培养负起责任并积极参与进来。

高层管理者可以通过绩效奖金和特别认可等举措，使各级直线管理者担负起培养高潜人才的责任。例如，组织可以将培养高潜人才纳入绩效计划，以考核各级管理者在发掘高潜人才方面的表现；还可以在晋升机制上做文章，如在提拔管理者时对其"培养他人"这项领导胜任力进行评价等。

在学习和发展职能方面，组织可以将现有的学习和发展项目整合进高潜人才项目，但要注意，这些项目的目标应与高潜人才项目的目标保持一致，否则会增加学员的负担。

在招聘管培生时，组织可以将高潜人才项目的相关要素融入招聘的各个环节，如在初筛和面试环节重点考察候选人的学习力。在招聘时，组织还可以宣传自己的高潜人才项目，以提高组织的吸引力。

在制定人力资源规划时，组织要确保人才流动的可实现性，否则高潜人才在轮岗时可能会遇到障碍。

HIPOS

第 2 章
高潜人才的标准

明确高潜人才的标准是开展高潜人才选拔和培养活动的前提。我们将高潜人才的标准概括为四个方面，即业绩履历、价值观、潜力因素和领导胜任力。基于 MAP 人才框架，我们提出了组织通用的六个潜力因素，即学习力、洞察力、成就导向、领导意愿、连接力和影响力。

燕雀安知鸿鹄之志。

——《史记》

什么是高潜人才

不同组织对高潜人才的称谓不一样,有的组织称其为"优秀年轻干部",有的称其为"后备人才""潜力管理人才"等。高潜人才的英文是 high potentials,简称 hipos。从字面上看,高潜人才中的"潜"就是"潜力"的意思。本书中所说的"高潜人才"是这样的一类人才:他们在未来能够胜任比现在至少高两个职级以上的领导角色。

有战略眼光的组织会有意识地发现和培养那些在领导角色上具有发展潜力的人才(在他们的职业生涯早期进行)。或许这些人才目前的职级并不高,但他们表现出来的能力、特征和行为表明他们未来能够担当重任。《哈佛商业评论》(*Harvard Business Review*)刊登的一项研究表明,高潜人才占组织总人数的5%左右。这类人才数量少,但价值很高,他们是组织发展极其需要的、能够在未来为组织带来改变的人。

不同的组织对高潜人才有不同的定义。例如,微软公司曾将高潜人才定义为"有能力、有承诺、有抱负进步到更高职位或在关键角色中获得成功的人"。其中,能力是指员工用来承担其日常工作的知识、技能和资质的组合;承诺是指配合微软公司实现需求和重点目标的意愿和能力;抱负是指寻求并承担能促进发展、不断提高个人影响、获得更多认可的角色。

关于高潜人才的概念，组织需要注意以下几点。

高绩效不等于高潜。虽然高绩效意味着员工在达成工作目标方面有良好记录，但是在当前岗位上绩效表现良好并不意味着他能够胜任更高层级的领导者角色。例如，销售业绩好的销售人员未必是好的销售主管，能做好基层主管的人未必能够胜任中层管理者，因为不同层级的管理者需要具备的能力组合是不一样的。

美国企业领导力协会（Corporate Leadership Council）的研究表明，高绩效者中大约有30%是高潜人才。高绩效是成为高潜人才的必要但不充分条件，高潜人才只是高绩效者的一个子集。也就是说，高潜人才往往是高绩效者，但不能反过来说。高绩效说明员工在当前的角色上有能力带来高产出，而高潜力判断的是其承担更大责任的能力。当然，有一种情况例外，即当赋予高潜人才拓展性任务（如创建一家新企业）时，起初他们的业绩可能并不好。组织应建立独立于绩效评价体系的客观评价潜力和领导胜任力的体系，以确保人才选拔是着眼于目标角色要求的。

高潜人才和高专人才不同。高潜人才在学习和能力方面的广度和适应度更强，而高专人才虽然能力面更窄一些，但在专业方面更精深，有潜力在某个角色上为组织建功立业，他们不承担人员管理的责任，属于个体贡献者角色。高专人才对组织发展也非常重要，尤其对于科技和金融等类型的企业而言。组织也可以根据自己的战略，将高专人才视为高潜人才。

高潜人才不局限于那些可能在将来担任高管的人才，可以扩展至高管以下的各个层级。这样，组织就可以打造一条领导力补给线，确保将人才源源不断地输送至领导梯队。

高潜人才的标准

明确高潜人才的标准是开展高潜人才选拔和培养活动的前提。在本书中，我们将向大家介绍一个清晰合理的高潜人才框架（即界定是不是高潜人才的框架，以下简称"高潜框架"）。2009年，当时就职于纽约市立大学（The City University of New York，CUNY）的罗布·思雷泽尔（Rob Silzer）和当时就职于百事可乐公司的阿伦·H.丘奇（Allan H. Church）对各大专业机构的高潜框架进行了研究。他们发现，这些框架大部分从基础、成长和职业三个维度对领导潜能蓝图（leadership potential blueprint）进行了结构化的解释，具体如表2-1所示。

表 2-1　　　　　　　　　　　　　领导潜能蓝图

	基础维度 (foundational dimensions)		成长维度 (growth dimensions)		职业维度 (career dimensions)
认知	概念或战略思维、认知能力、应对复杂性	学习	适应性、学习导向、对反馈的开放性	领导力	领导能力、管理他人和发展他人、影响力、挑战现状、变革管理
个性	人际技能、社会能力、支配性、情绪稳定性、复原力	动机	内驱力、精力、成就导向、职业抱负、风险承担、结果导向	业绩履历	业绩记录（职业相关）、职业经历
				知识和价值观	技术/职能性的技能和知识、文化匹配性（职业相关的价值观和规范）

基础维度包括认知和个性两个方面，这两个方面有着相当高的稳定性，难以改变。在个体年龄很小的时候，这两个方面就得到了快速发展；而当个体成年后，这两个方面在不同的情境、经历和时期的表现相对而言是一致的，若不采取有效的干预，它们几乎不可能发展或变化。我们常说"三岁看大，七岁看老"，意思是我们可能在孩子三岁时就可以看出其长大后的特点，在孩子七岁时就可以看出其一生的发展状况。这句话虽然说得有点绝对，但也有一定的道理。

成长维度包括学习和动机两个方面，这两个方面是促进或阻碍一个人成长和发展的因素，可以预测一个人进一步发展和学习新技能的能力，或者他在新角色、新情境、新环境中能否获得成功。我们可以将这个维度理解为"成长力"，它虽然具有一定的一致性和跨情境的稳定性，但可以通过有效干预而发展。成长维度受个人和环境的双重影响。当一个人对某个领域产生了浓厚的兴趣，而且有很多学习机会和支持性的环境（如经常得到他人鼓励）时，成长维度的展现会更明显。就环境而言，学习型组织对成长维度的展现和发展更明显。

哈佛大学教授罗伯特·凯根（Robert Kegan）等人发现，有一种组织属于刻意发展型组织（deliberately developmental organization，DDO），如对冲基金公司桥水（Bridgewater）。这类组织有如下一套底层逻辑和信念：

- 成年人是可以发展的，这种发展是极有价值的；
- 员工可以从反馈中获益；
- 人才发展应该持之以恒地贯彻在实际工作中，可以随时随地发生；
- 人才成长与业务发展是可以也是应该融为一体的。

我们从以上的逻辑和信念中可以看出，刻意发展型组织打造的工作环境能够促进个体成长维度的发展，支持他们克服自身的局限性。

职业维度包括领导力、业绩履历以及知识和价值观三个方面。在特定的组织情境中获得成功需要特定的领导胜任力；业绩履历、特定的专长以及对组织的理解都是用来加持领导力的；价值观则是要确保组织承诺的条件与组织正在进化的价值观（目的是迎接前行中的挑战）相一致。职业维度通过适当的干预也是可以发展的。具体需要哪些职业维度取决于具体的潜在发展方向。例如，商业银行一级分行行长和总行风险管理部总经理这两个领导角色的职业维度有不同的具体要求，前者应具备全面的银行从业经历，后者则相对聚焦于业务经历。

借用罗布·思雷泽尔和阿伦·H.丘奇的领导潜能蓝图，我们将高潜人才的标准概括为四个方面：业绩履历、价值观、潜力因素和领导胜任力。业绩履历、价值观和领导胜任力都比较容易理解。潜力因素就是有助于个体在组织内部成长为可以胜任更高级领导角色的个体特征，它可以预测个体的领导胜任力的发展速度和发展空间。

基于 MAP 人才框架的六个潜力因素

潜力因素是高潜人才的标准之一。组织可以使用 MAP 人才框架（由智鼎公司提出，商标如图 2-1 所示），从脑力（mental capability）、态度（attitude）和人际技能（people skill）三个方面对岗位和人才进行结构化的画像。智鼎公司基于 MAP 人才框架，提出了组织通用的六个潜力因素，如表 2-2 所示。

图 2-1　MAP 人才框架的商标

表 2-2　　　　　　　　　　MAP 人才框架下的通用潜力因素

M（脑力）	A（态度）	P（人际技能）
学习力	成就导向	连接力
洞察力	领导意愿	影响力

以下我们将简要介绍一下这六个潜力因素。

学习力概括地说就是好学、乐学、善学。好学是指个体能够将学习当作自己进步的主要手段，并主动通过学习适应变化；乐学是指个体求知欲强，好奇心重，并乐于接受反馈；善学是指个体会提出问题，能够进行多角度思考，并能够从经历中获得成长。

洞察力包括善于洞悉联系、发现模式和本质以及看到趋势三个方面。百事公司在定义高潜人才的潜力因素时用到了"连点成线"一词，它的意思和洞悉联系、发现模式差不多。洞察力强的人会仔细研究事物之间不那么显而易见的关联性，识别潜藏的模式，从而理解复杂的情境或问题，前瞻性地看到未来趋势，解决关键的根本性问题。

成就导向是指个体强烈地追求结果，包括勇于承担可衡量的风险；努力取得良好的业绩；在面临困难时不退缩，攻坚克难，达成具有挑战性的目标。成就导向在很大程度上决定了人们能力发挥的程度。

领导意愿是指个体愿意担任领导角色，如决策者、组织者和协调者等，并能够动员他人达成共同的工作目标。

连接力是指个体能够自我觉察和感知他人，对人际信息反应敏锐，能够与他人建立有意义的联系，与上级和同事相处得好，并通过合作达成工作目标。

影响力是指个体能够改变他人的态度、行为或思维模式，赢得他人（对他们并没有指挥权）的支持、信任和承诺。

以上这些潜力因素与智鼎公司提出的通用高管领导胜任力的对应关系如表 2-3 所示。

表 2-3　　　　　　　　　潜力因素与领导胜任力的对应关系

潜力因素类别	潜力因素	有助于发展的高管领导胜任力
M（脑力）	学习力	变革创新
	洞察力	战略思维

续前表

潜力因素类别	潜力因素	有助于发展的高管领导胜任力
A（态度）	成就导向	追求卓越
	领导意愿	责任担当
P（人际技能）	连接力	影响与沟通
	影响力	领导驾驭、影响与沟通、战略推动

由于管理层级不同，在选拔高潜人才时，标准的侧重点也有所差异。此时，高潜人才标准的四个方面（业绩履历、潜力因素、领导胜任力、价值观）除了价值观之外，它们的重要性都将有所变化，如图2–2所示。

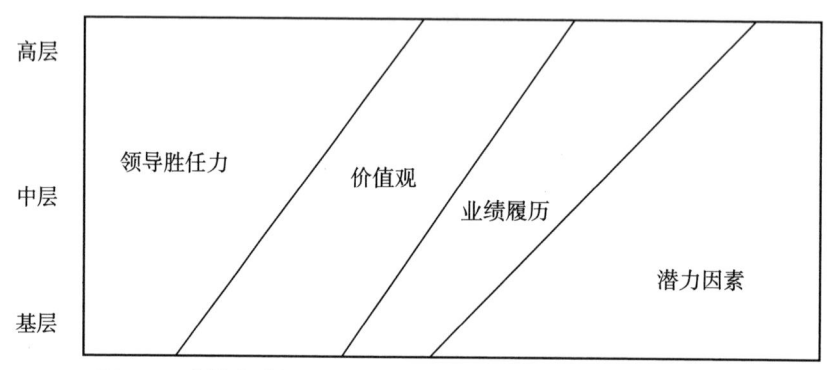

图2–2 高潜人才标准的四个方面的重要性随层级不同而变化

我们从图2–2可以看出，领导胜任力的重要性随着层级的上升在逐渐提高；业绩履历的重要性也大致如此，但它在整个人才标准中的占比小于领导胜任力和潜力因素；潜力因素的重要性随着层级的上升是逐渐降低的。

那么，组织应如何判断员工是不是高潜人才呢？我们建议使用以下的22个问题。[1]我们将每个问题对应的高潜人才标准进行了匹配。[2]

1. 他们手头的工作是否干得不错？（业绩）

---

[1] 资料来源：https://www.tinypulse.com/blog/20-characteristics-of-high-potential-employees.

[2] 由于这是在判断员工是不是高潜人才，员工还没有机会在正式领导角色中展现其领导胜任力，因此在标记对应的标准时，我们没有单独对应领导胜任力。实际上，影响力、连接力等既是潜力因素，也可以是领导胜任力的一部分。

2. 他们是否会努力争取领导机会？（潜力因素：领导意愿）

3. 他们在独立工作时是否干得不错？（业绩）

4. 他们在工作中是否积极主动？（潜力因素：成就导向）

5. 他们对公司正在发生的事情是否很感兴趣？（价值观）

6. 他们是否会被压力压垮？（潜力因素：成就导向）

7. 他们是否会提出问题？（潜力因素：学习力）

8. 他们是否渴望发展新技能？（潜力因素：学习力）

9. 他们是否能够向同事提供力所能及的帮助？（潜力因素：连接力）

10. 他们是否为同事带来了正能量？（潜力因素：影响力）

11. 他们是否可以接受自己不总是正确的？（潜力因素：学习力）

12. 他们是否会承担工作说明书之外的责任？（潜力因素：成就导向）

13. 他们是否认可同事们的辛勤工作？（潜力因素：连接力）

14. 他们是否想获得认可？（潜力因素：成就导向）

15. 他们是否能够利用建设性反馈把工作做得更好？（潜力因素：学习力）

16. 他们是否会坦诚说出自己的职业抱负？（潜力因素：成就导向）

17. 他们在办公室里是否有很多朋友？（潜力因素：连接力）

18. 他们和跨职能部门是否相处得很好？（潜力因素：连接力）

19. 他们是否为朋辈所信任？（潜力因素：影响力）

20. 他们是否有很高的情商？（潜力因素：连接力）

21. 他们是否能够与公司同呼吸、共命运？（价值观）

22. 他们是否想参与公司管理？（价值观）

HIPOS

第 3 章
高潜人才选拔

高潜人才项目成功与否在很大程度上取决于是否选拔到了质量高的高潜人才。进入项目的人才质量高，经过项目培养后的人才的水平自然就更高。如果一开始就选错了，后期再怎么培养都很难奏效。本章介绍了高潜人才选拔的基本流程和高潜人才的测评方法，并在此基础上补充提供了关于初筛测评方法的建议。

千里马常有，而伯乐不常有。

——韩愈

高潜人才选拔的基本流程

如果组织对高潜人才有明确的定义和统一的标准，就为选拔高潜人才提供了坚实的基础。但是，很多组织在选拔高潜人才方面缺乏系统的流程，高层领导了解高潜人才的渠道不够正式，方法也不够系统，因此它们必须尽快设计清晰的选拔流程，采用科学的测评方法，以提高高潜人才选拔工作的质量。另外，高潜人才选拔流程的透明、公开有助于在组织内部创造公平感，让更多的人愿意参与其中。

每个组织的高潜人才选拔流程都不相同，但基本上都会包含以下三个环节：

- 公布基本条件和标准；
- 对候选人进行测评；
- 召开评审会，确定最终人选。

公布基本条件和标准

基本条件包括年龄、学历、近年业绩考核结果、必备经历（如基层工作经历）等。正式公布基本条件之前，组织可以估算一下大致有多少人符合基本条件。如果人才的学历情况等"硬件"不够强，基本条件就不宜定得过高。

在界定高潜人才的具体标准时，业绩履历和领导胜任力较容易界定，而潜力因素和价值观最难界定。

如何识别哪些人属于高潜领导人才呢？以下是管理咨询大师拉姆·查兰（Ram

Charan）提出的通用的高潜人才特征[1]，供大家参考。

如何辨识高潜领导人才

1. 他追求的目标是什么？是想担任领导，还是只满足于成为个人贡献者？

2. 他的成就感源于何处？是通过自己努力达成目标，还是愿意激励他人且与他人协作？

3. 他对个人专长之外的领域是否感兴趣？

4. 他是否有商业头脑，懂得如何提高公司利润？

5. 他能否准确理解直接领导的胜任要求，甚至是上级领导的胜任要求？

6. 他如何保证自己持续学习并不断成长？

7. 他的工作业绩如何？他是否非常优秀？

8. 在塑造外界环境以及不断积极进取方面，他是否展现出强烈的追求？

9. 在就任新的岗位时，他是带着自己的原班人马，还是喜欢与新的团队合作，结识更多背景各异、能力超群的人？

10. 他对领导工作是真心热爱，还是只是说说而已？他是好高骛远，还是脚踏实地？

11. 他是否勇于接受挑战，愿意处理日益复杂的困难局面，并能把偶尔的失败当成绝佳的学习机会？

12. 他是否有一套行之有效的办法来帮助自己持续学习，不断掌握新的技能，不断磨砺自己的意志品质，逐步实现自己的梦想？

对候选人进行测评

在实践中，组织可以根据自身情况选用不同类型的测评方法。如表 3-1 所示，高潜人才项目（包括选拔环节和培养环节）使用的测评方法大致可以分为两类：仅用于选拔环节的测评方法；在选拔和培养环节均可以使用的测评方法。

---

[1] 摘编自拉姆·查兰《高管路径：卓越领导者的成长模式》（*Leaders at All Levels：Deepening Your Talent Pool to Solve the Succession Crisis*）。

表 3–1　　　　　　　　　　高潜人才项目中使用的测评方法

仅用于选拔环节	用于选拔环节和培养环节
推荐 自荐 九宫格	拓展型任务 心理测验（包括工作知识测验、性格测验、认知能力测验、动机测验等） 360 度评估 行为面谈 评价中心（包括情境判断测验、无领导小组讨论、案例研究等）

我们将在下文详细介绍一些高潜人才的测评方法。组织究竟使用哪种测评方法需要进行多角度考量，如测评方法的信度和效度、高潜人才的定义和标准、行业特点和组织文化、角色层级和费用约束等。百事公司在其高潜人才项目中就针对不同的角色层级使用了不同的测评工具组合，如针对初级高潜人才使用了履历分析、性格测验、认知能力测验和情境判断测验；针对承担中层领导角色的高潜人才使用了360 度评估、性格测验、认知能力测验、评价中心和在线情景模拟；针对承担高层角色的高潜人才使用了 360 度评估、性格测验。这是因为针对不同层级的项目的目的和侧重点是不同的，如表 3–2 所示。表 3–2 中的职业能力、成长能力和基础能力分别对应领导潜能蓝图中的职业维度、成长维度和基础维度。

表 3–2　　　　　　　百事公司高潜人才项目的项目目的及其侧重点

组织层级	项目目的	侧重点
高管	塑形和完善（shape and refine）	职业能力（领导力和职能专长）
职业生涯中期	连接和加速（align and accelerate）	成长能力（学习敏捷性和动机）
职业生涯早期	发现和区分（identify and differentiate）	基础能力（认知和人格）

召开评审会，确定最终人选

评审会的作用和流程

召开评审会的目的是让评价者用同一把尺子对所有候选人进行衡量，以确保一致性，减少决策偏误。如果在测评时使用了主观性较强的测评方法，如推荐、自荐和九宫格等，评审会就会起到更有价值的校准作用。

高层领导是重要的参会人。人力资源部门需要事先提醒高层领导在会议的初始环节先倾听大家的意见再发言，还要请候选人的直接领导事先做好准备，便于在发言时提供候选人可以成为高潜人才的清晰依据，并说明候选人有何潜在不利因素，阻碍其成长为未来的领导人才。

在召开评审会时，先由人力资源部门负责人宣布规则和议程，并重述高潜人才的定义和标准。然后，参会人员对候选人进行盘点，发言时要提供支持依据，如测评结果和具体行为。最后，参会人员讨论和决定人选，并对缺乏依据的候选人再次进行判断，尽量达成一致意见；如果无法达成一致意见，就请高层领导决定。参会人员容易对各方面表现突出以及综合素质较差的候选人达成一致意见，而需要花费更多的时间讨论那些有争议的、处在标准左右的候选人。

在评审会上，参会人员应对候选人进行综合研判，包括充分利用每位候选人的观察测评结果和正式的测评结果，以及他们个人档案中的简历信息、业绩和晋升情况等。另外，还应参考性格因素。性格对人才表现的影响往往被低估，尽管"性格决定命运"这种说法有点夸张。在选拔面向高管层级的高潜人才时，越来越多的组织开始仔细考察那些具有某些极端性格的候选人，目的就是降低用人风险。因为有的候选人虽然能力很强，但性格有缺陷，当他们担任高管后，这些缺陷就有更多的机会暴露出来，成为"脱轨因素"[①]。美国著名的长篇小说《教父》（*The Godfather*）中主人公维托·柯里昂（Vito Corleone）的大儿子桑尼·柯里昂（Sonny Corleone）就是一个典型的例子，当他临时代行父亲的决策者角色时，他性格中的急躁和感情用事等因素导致了他本人被枪杀，也给整个家族带来了厄运。

确定入选人数

多少人入选高潜人才项目是合适的？这在很大程度上取决于组织在未来一段时期内要提拔和使用的人数。如果近期领导角色空缺较少，入选人数就不宜太多，否则进得多、用得少会令人才失望，影响留任率。因此，组织应事先清晰界定其对人才的需求，包括盘点后备人才库的实力（strength）和深度（depth）以及当前高潜人才的流动情况等。

如今，更多组织将高潜人才项目作为人才成长的平台，弱化了后备人才库的概念。组织可以适当增加入选高潜人才项目的人数，目的是为更多人提供成长机会和发展平台。一旦员工被认定为高潜人才，他们就会更加珍惜成长和发展的机会，更加积极投入，更加敬业。

---

① 我们将在本书第 4 章中详细介绍脱轨因素。

高潜人才的测评方法

仅用于选拔环节的测评方法

1. 推荐

候选人的直接上级或跨级管理者往往对候选人有比较深入的了解，他们可以对照高潜人才的定义和标准进行推荐，而不局限于在确定人选环节才开始观察人才。但这种方法主观性强、带有情感因素，推荐人不一定能做到客观评价，有可能出现入选候选人与领导角色需求不匹配的情况，或者漏掉"大鱼"的偏误。因此，组织不宜单独使用这种方法来决定最终人选，而要结合使用其他测评方法。

组织也可以制定寻找解决上述偏误的策略。例如，在推荐之前对推荐人进行指导，并就高潜人才的标准进行沟通。推荐人不仅要关注候选人的业绩履历和当前能力，而且要关注潜力因素。另外，组织还可以优化晋升制度，如将推荐成功率纳入管理者个人档案，作为晋升参考。

推荐高潜人才需要推荐人具有伯乐的慧眼。《三国志》中有一段话说明了高潜人才年轻时经历少，但还是有潜力因素的，需要伯乐慧眼识才。

> 太祖少机警，有权数，而任侠放荡，不治行业，故世人未之奇也；惟梁国桥玄、南阳何颙异焉。玄谓太祖曰："天下将乱，非命世之才不能济也，能安之者，其在君乎！"

曹操年轻时并不为多数人看好，幸有伯乐赏识他是安天下之才。管理者也应学会识人，尤其是要有一双慧眼来发现那些常人发现不了的人才。

人力资源部门可以为推荐人提供一个表格，如表3-3[①]所示，便于推荐人对照高潜人才的标准对候选人进行评分和推荐。

表 3-3　　　　　　　　　　高潜人才候选人推荐表

标准	完全同意（5）	同意（4）	不确定（3）	不同意（2）	完全不同意（1）
在完成任务时能够获得具体的结果					
对新想法和建设性反馈持开放的态度					

---

① 摘编自 *Successful Leadership Development Program* 一书。

续前表

标准	完全同意（5）	同意（4）	不确定（3）	不同意（2）	完全不同意（1）
勇于创新					
愿意承担新的和看起来重大的责任					
对组织的使命、愿景、价值观和目标有着深刻的理解					
是一个自我管理的终身学习者					
能够成为一位有效的团队成员					
能够有效地领导一个团队					
获得了组织中上层和同事们的尊敬					

候选人姓名：
评语：
推荐意见：□推荐　　□不推荐
推荐人：

2. 自荐

自荐是一种自我测评方法，可以剔除一部分不符合标准或不愿意参加高潜人才项目的人。参与高潜人才项目意味着学员要付出更多的精力来加速成长，并做好承担更大、更重要责任的心理准备。而且，有的人更愿意在专业序列上发展，不一定"千军万马挤独木桥"，瞄准领导角色发展。

自荐这种方法虽然效率高、成本低，但主观性较强。在自荐时，人们可能出现过度自信的表现，而且当有很多人提交申请时，管理者需要花费大量时间来进行评议。因此，组织可以事先与有意愿自荐的人进行充分沟通，让他们明白高潜人才项目的目的、高潜人才的定义和标准，以及他们需要在高潜人才项目中做些什么，并且安排他们先对照定义和标准进行自我评价。由于自荐的主观性较强，我们建议和其他测评方法结合使用。

3. 九宫格

管理者可以从绩效和潜力两个维度对候选人进行评定（分为高、中、低三级），并将他们分别放入九个格子，如图 3-1 所示。组织可以为处于九宫格中不同位置的人才制定不同的使用和培养策略。

```
           ┌──────┬──────┬──────┐
           │  4   │  2   │  1   │
           ├──────┼──────┼──────┤
 绩         │  7   │  5   │  3   │
 效         ├──────┼──────┼──────┤
           │  9   │  8   │  6   │
           └──────┴──────┴──────┘
                              潜力
```

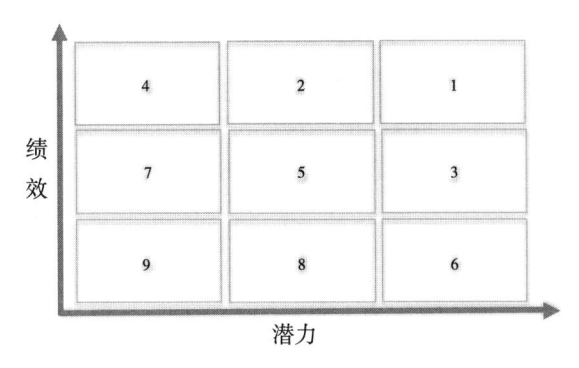

图 3–1　人才九宫格

我们从图 3–1 可以看出，格 1 和格 3 中的大部分人才都可以入选高潜人才项目，格 2 中的一部分人才可以入选，格 6 中的极个别人才也可以入选。下面我们将分别介绍组织可以为这四个格中的人才制定的策略。

格 1（即高绩效、高潜力）中的人才属于"常明星"。组织需要依靠这类人才推动业务发展。培养和保留这些员工的建议有以下几点：

（1）为他们安排超越当前角色或临时解决难题的任务；

（2）使他们有机会和组织内的其他格 1 人才建立跨职能的联系；

（3）为他们配备高级别导师，开展专属指导；

（4）为他们提供参加高级别会议，以及在高管和其他领导面前展现自己的才干并向他们学习的机会；

（5）这类人才目前已经具备了晋升至更高一级职位的能力，应在半年内提拔使用。

格 2（即高绩效、中潜力）中的人才属于"今日之星"。这些人才的潜力较格 1 人才的略低。培养和保留这些员工的建议有以下几点：

（1）找到阻碍他们发展的原因，并为他们提供培训和其他发展机会；

（2）增加类似格 1 人才的培养机会和角色，但提供更多的指导和监督；

（3）慢慢晋升或合理安排新工作；

（4）配置高级别导师；

（5）侧重于帮助他们在目前的层级上履行更多的职责。

格 3（即中等绩效、高潜力）中的人才属于"明日之星"。这些人才很有潜力，或许他们只是还没有发挥出水平。他们可以成为格 1 中的人才，但需要更多的培训和外在激励。培养和保留这些员工的建议有以下几点：

（1）就他们"什么做得好""需要如何改进"提供坦诚的反馈；

（2）聚焦于帮助他们缩小能力差距，并提高他们的绩效；

（3）为他们提供类似于对格1、格2人才进行的指导、辅导和培训；

（4）必要时安排有挑战性且有机会接触更高层领导的任务；

（5）向他们表明，如果他们能够克服不足，就会获得清晰的晋升路径，但首先应在目前岗位上做得更出色。

格6（即低绩效、高潜力）中的人才属于"璞玉"。人才出现在此格的原因有很多，如他可能新到岗，未来可能将转移至格3；他可能缺乏培训或工作经验，因此表现受到影响；他或许能力很强，但更适合在其他部门工作等。培养和保留这些员工的建议有以下几点：

（1）找到绩效低的根源，评估他们是否乐于接受辅导、有没有改进的意愿，如果他们有意愿改进，就帮助他们制订行动计划；

（2）如果确有必要，就转换他们的角色；

（3）为他们提供接触高绩效员工的机会，让他们知道自己需要做些什么；

（4）一段时间后，如果他们的绩效没有改进，就重新审视对其潜力的评价。

使用九宫格的方法来选拔高潜人才虽然成本低，但需要组织对管理者进行细致和深入的培训，特别是帮助他们掌握如何评价潜力，因为对绩效和潜力有准确的评价是使用这种方法的前提，然而这往往很难做到。因此，我们不建议单独使用九宫格的方法来选拔高潜人才，需要与其他测评方法结合使用。

在实践中，组织也可以根据实际情况使用九宫格的变式，如四宫格（潜力和绩效都分为高和低两级）和六宫格（绩效分为三级，潜力分为两级）。

选拔和培养环节均可使用的测评方法

1. 拓展型任务

组织可以让候选人参与一个有挑战性的任务，在拓展他们当前能力的同时，考察他们是否达到了高潜人才标准，如让候选人参加一个战略规划项目或其他跨职能项目。组织可以根据候选人的职位层级来确定任务的难度，同时邀请多位评价者观察他们在拓展型任务中的表现，对他们进行评价，并在任务完成后进行反馈。以下是一个具体的案例，供大家参考。

智鼎公司在帮助某银行设计和实施高潜人才项目时，在选拔环节使用了类似拓展型任务的测评方法，即青年创意大赛。大赛分为创意讲堂、招兵买马、寻计问策、专家赋能和成果展示五个环节。

- 创意讲堂。邀请战略领域的专家为参与项目孵化的人员讲授创意经验、创意方法和项目孵化的主要内容。
- 招兵买马。专家给出七个项目主题。参与人员在规定的时间（一小时）内完成自主招募和现场自由组队（每组五至八人），明确一人为组长，并且现场选择项目主题。
- 寻计问策。分组完毕后，组长安排本组的三位寻计人分别到另一个不同的小组，其余人留在本组，选出一位记录员。组长和留下的其他组员后续将完成两项任务：一是欢迎从他组来的寻计人，向他简单介绍本组的创意项目的主题，并交流对项目的建议，启发思路；二是请寻计人回组，介绍他们在其他组的收获。该环节结束后，组员有一次重新选择小组的机会。
- 专家赋能。组建项目孵化专家导师团（四人，由战略领域的专家和公司的业务骨干等人组成）。开设"专家诊室"，抽签产生各组的"问诊"顺序，每组的咨询时间不超过30分钟，且每组仅有一次咨询机会。专家对项目进行指导，帮助完善项目创意，促进项目团队在参赛过程中的能力提升。
- 成果展示。该环节包括团队项目展示、个人陈述、评委提问和成果表彰四个环节。项目展示的时间为15~20分钟，可以使用演讲汇报、视频短片播放和情景剧等形式，每位组员都应参与展示。展示内容包括但不限于项目简介（含创意亮点）、团队介绍及职责分工、产品/技术介绍、营销/应用模式、市场前景和优势不足等，要求重点介绍项目的相关数据、案例和应用场景，并力求做到主题鲜明、方式新颖、内容充实、表现真实。每位组员有两分钟时间进行自我陈述，客观分析他们在推动项目孵化过程中的角色、面临哪些困难和挑战以及如何应对、做出了哪些主要贡献，以及对本次孵化过程的改进建议。评委将根据项目内容和展示情况等进行现场提问，并根据组员表现出来的能力和潜力对他们进行综合评价。最后，现场公布项目成果展示的整体等级评价，并表彰优秀团队。

2. 心理测验

心理测验是指对在标准化条件下获得的行为样本按照既定规则进行计分或获得量化信息。以下简要介绍在选拔高潜人才时常用的几种心理测验。

（1）认知能力测验（cognitive ability test）

认知能力测验测量的是候选人理解和加工复杂信息的能力，能够反映出候选人的思维能力和学习能力，对应领导潜能蓝图基础维度中的认知因素。在使用认知能力测验时，组织可以根据候选人的角色层级和岗位类别"量体裁衣"。虽然这种测验的信度和效度都比较高，但我们仍建议与其他测评方法结合使用。

在选拔高潜人才时，我们经常会使用批判性思维测验（critical thinking test）。它是认知能力测验的一种，测量的是候选人根据问题的假设、事实等进行推理和分析，并对结论进行准确评估和推论的能力。它可以预估候选人在灵活、合理、创新性地处理事务和做出合理决策等方面的表现。它的预测效度一般在 0.5 左右。批判性思维测验题目的示例如下。

一项调查发现，在 279 家被调查的企业中，有 44% 的企业对招募效果进行了正式评估。进行相关评估（如研究确定哪种招募来源更有效）的组织有更高的年利润额和年利润增长额。基于以上信息，以下结论哪个最接近正确？

A. 对招募效果进行正式评估的企业，其效益好于不这样做的企业。

B. 对招募效果进行正式的评估后，企业效益会增加。

C. 效益好的企业更愿意进行招募效果评估。

D. 对招募效果进行正式评估会推动企业效益增长。

（此题正确答案应该为 A）

（2）工作知识测验（job knowledge test）

在选拔高潜人才时，工作知识测验指的是业务能力测验，包括测量候选人对行业和组织的理解，对应领导潜能蓝图职业维度中的知识因素。测验以客观题目为主，但也有主观题目。主观题目的示例如下。

请简述商业银行是如何控制风险的。

请简述保险公司是如何盈利的。

（3）性格测验（personality test）

我们可以使用性格测验对领导潜能蓝图基础维度中个性因素的部分因素进行测评。如前文所述，领导潜能蓝图中基础维度中的个性因素包括人际技能、社会能力、支配性、情绪稳定性、复原力。智鼎公司的在线工具 MAP 职业性格测验可以测量 24 个性格维度，如表 3-4 所示。

表 3-4　　　　　　　　　　MAP 职业性格测验维度表

思维倾向	态度和动力	人际特点
创新	情绪稳定	社交自信
前瞻性	乐观性	乐群性
理论思考	坚韧性	人际敏锐
质疑	尽责	助人倾向
数据导向	守规性	支配性
实践性	主动性	说服他人
关注细节	成就动机	自主性
	好胜心	
	内省性	
	果断性	

其中，高潜人才匹配的职业性格维度有支配性和果断性等。如果组织能够对现任管理者进行测评，获得优秀管理者和普通管理者在 24 个性格维度上的比较结果，就可以确定高潜人才匹配的性格维度。需要注意的是，极端性格可能带来有破坏性的领导行为，需要仔细考量。

（4）动机测验（motivation test）

动机是激发和维持有机体的行动，并将行动导向某一目标的心理倾向或内部驱力，对应领导潜力蓝图成长维度中的动机因素。美国哈佛大学教授戴维·麦克利兰（David McClelland）提出，个体在工作情境中有三种主要动机，即成就动机（need for achievement）、影响/权力动机（need for authority and power）和亲和动机（need for affiliation）。成就动机高的人会不懈地寻找证明自己的机会，并为自己设定具有挑战性的目标；影响/权力动机高的人不会关注自己的成就，而是关注特定行为或事件对其他人的冲击或影响；亲和动机高的人重视建立和维持良好的人际关系。在选拔高潜人才时，要求候选人具备低亲和动机、高成就动机和高权力动机。

组织既可以使用标准化的心理测验，也可以用投射类的心理测验来测量高潜人才的动机类型和动机强度。

3. 360度评估

360度评估也称多评价者反馈和多来源反馈，被评估者有机会了解周围的人是如何评价自己的领导胜任力和行为的。相对而言，360度评估的结果如果仅用于如何更好地发展候选人方面，而不与绩效考核、晋升等个人切身利益紧密挂钩，周围的人更可能会打消顾虑、直言不讳，因此它更适用于高潜人才的培养环节，我们将在本书的第9章详细介绍360度评估这种方法。

如果组织在选拔高潜人才时使用这种方法，就需要确保评估者的信息是安全保密的，否则评估者会担心如实评价（特别是负面评价）将影响自己与候选人的关系，组织很可能因此得不到真实的信息。

4. 行为面谈

行为面谈是一种基于胜任力的测评方法。简单地说，行为面谈就是基于候选人未来可能面临的典型工作情境，请他们讲述之前在类似情境中发生在自己身上的典型事例。在使用行为面谈法时，评价者可以这样提问："请你讲述你曾经在一个比较复杂的情况下所做的一个艰难决策。""请讲述你承担了大量额外工作的一次真实经历。""请讲述你主动走出舒适区，获得快速成长的一次经历。"[①]

针对六大领导潜力因素，分别可以设计如下行为面谈题目。

- **洞察力**
  - ✓ 请回想一个你发现问题端倪的事例。
  - ✓ 请讲述一个你做出艰难决策的事例。
  - ✓ 请讲述一次你因看到了某个复杂问题本质而提出独特见解的经历。
  - ✓ 请讲述一个你因弄清了复杂问题的背景而抓住了问题本质的事例。
  - ✓ 请讲述一个你很准确地预测了未来变化的事例。

- **学习力**
  - ✓ 请讲述一个你比他人更珍惜学习机会的事例。
  - ✓ 请讲述一个你主动寻求他人反馈并获得成长的事例。
  - ✓ 请回忆一个你提出了一个好问题，从而引发大家深思的事例。
  - ✓ 请回想一次你因为换了一个角度来看问题，从而找到问题解决方案的

[①] 如果你对行为面谈法感兴趣，可以阅读田效勋与柯学民、张登印合著的《过去预测未来：行为面试法》一书。

经历。
- ✓ 请回想一次你失败的经历。

- **成就导向**
- ✓ 请回想一次你主动给自己设定了一个有挑战性工作目标的经历。
- ✓ 请讲述一次你从挑战性的工作中获得成长的经历。
- ✓ 请讲述一次你主动改变自己的经历。
- ✓ 请回想一次你主动跟踪工作成效的经历。
- ✓ 请讲述一个你遭遇的逆境。

- **领导意愿**
- ✓ 请讲述一个你在团队中主动提出议题的事例。
- ✓ 请讲述一个你主动承担领导角色的事例。
- ✓ 请讲述一个领导有很多想法、不同成员共同开展工作的事例。
- ✓ 请讲述一次你曾遇到的无人下达指令，但工作又必须做的经历。
- ✓ 请讲述一个你在推动大家落实上级单位的要求时遇到阻力的事例。

- **连接力**
- ✓ 请讲述一次你曾遇到的人际矛盾。
- ✓ 请讲述一次你当众演讲的经历，回想一下当时你是如何抓住听众的注意的。
- ✓ 请讲述一个你因与对方建立了互信关系而获得对方积极配合的事例。
- ✓ 请回想一个你在陌生的人际环境中很快适应的事例。
- ✓ 请讲述一个你与合作方发生冲突的事例。

- **影响力**
- ✓ 请讲述一个你通过以理服人，获得对方认同的事例。
- ✓ 请回想一个你因能够考虑对方的观点或感受而赢得对方理解的事例。
- ✓ 请讲述一个你说服他人接受他最初并不认同的想法的事例。
- ✓ 事实胜于雄辩。请回想一个你通过事实分析，从而赢得他人支持的事例。
- ✓ 请讲述一个你在与他人协商某件事时遇到较大困难的事例。

5. 评价中心

评价中心是高潜人才选拔最常用的测评方法之一，我们可以将它的特点概括为"三多一核心"，即多评价者、多工具、多维度，核心是运用多种情景模拟测评工具。目标职位的层级越高，使用的情景模拟测评工具越复杂。

使用评价中心法能够较好地考察候选人的潜力和领导胜任力，因为他们需要模拟完成更高层级领导角色的工作任务，以展示他们思考和解决问题的能力。

在实践中，评价中心法经常与行为面谈和心理测验结合使用，这样，组织就能够对候选人当前的行为（情景模拟中的行为）和过去的行为（行为面谈中描述的行为）进行综合分析，完成更完整、更准确的测评。

评价中心的主要优势有以下几点。

第一，预测效度高。预测效度高是指使用评价中心法得到的结果与候选人的未来表现之间存在高显著相关性。

第二，对于潜力的评价更准确。经过专业培训的评价者使用情景模拟工具对候选人的潜力进行测评，可以弥补候选人没有机会在日常工作中展现个人潜力的缺憾。评价者既可以来自组织外部，也可以来自组织内部（内部人士经过外部专业机构的系统培训也能够胜任此项工作）。

第三，表面效度高。候选人可能认为以情景模拟为主的测评更接近于他们的实际工作，更能展现出他们的真实才干。

评价中心的不足之处在于投入可能比较大，时间比较长，专业的设计者和评价者较少。

即使组织用其他方式选拔高潜人才，也可以使用评价中心对候选人进行评估，以作为高潜人才发展需求分析和反馈辅导的依据。

以下介绍四种常见的情景模拟测评工具。

（1）情境判断测验

情境判断测验用来评价候选人对于在工作场所可能遇到的困境所做出的一系列判断。所谓判断，反映的是候选人推断、预估和预测事件特征的能力。情境判断测验的题目呈现的是人们可能在工作场所遇到的假设性情境。题目可以用书面方式呈现，还可以用视频方式呈现。候选人可以基于情境，选择最能代表自己的行为意向或其认为最有效的行为方式的特定选项作答。情境判断测验考察的是程序性知识。

情境判断测验可以用来评价候选人的管理能力。题目示例如下。

在完成某一项目时，你已落后于计划。这时，有一位员工带着问题走进了你的办公室。她的问题对你而言不是很棘手，你完全可以在几分钟内解决，但她一直不停地讲，这时你会：

A. 立即打断她讲话并告诉她，你目前很忙，无法解决这个问题，然后继续你的工作；

B. 把原来工作放在一边，认真听她讲，然后帮她解决；

C. 先明确这个问题是否需要立即解决，如果不是，建议她等你完成手头的工作，再一起商量并做出决定。

（此题正确答案为 C）

（2）无领导小组讨论

1925 年，德国军队最开始使用了无领导小组讨论。当时，为了获得解决问题和人际互动方面的行为样本，他们设计了一套程序，包括以下四项内容，无领导小组讨论是其中的一项内容。

① 指挥系列：要求小组成员执行复杂的命令，展现他们在困难情境下面对特定任务的行为。

② 领导力测试：一位小组成员在某些任务中指导和监督其他成员，展现面对下级时的行为。

③ 小组讨论：展现小组成员面对同级同伴时的行为。

④ 面试：展现面对比自己智力高的人时的行为。

无领导小组讨论一般包括四个阶段，即独立思考、轮流发言、自由讨论和总结陈词。在讨论过程中，我们不提倡为了达成一致意见而使用举手表决等类似的投票方式，而希望小组成员在规定的时间内高质量地完成任务。在总结陈词之后，主持人仍可以提出问题，请小组成员回答，如"你们为什么选择 3 号而不是 2 号来做总结陈词？""你们使用了举手表决的方式来达成一致，这似乎违反了讨论规则，谁来解释一下？"主持人还可以请每位小组成员对自己或他人今天的表现进行简单点评。

以下是西门子（Siemens）公司曾经在使用无领导小组讨论这种测评工具时选择

第 3 章　高潜人才选拔

的评价维度，供大家参考。

- **思考的条理性与决策：**
  - ✓ 设计思想的条理性、逻辑性和组织性；
  - ✓ 组织和控制能力；
  - ✓ 决策能力。

- **与人共事的能力：**
  - ✓ 考虑和尊重别人意见；
  - ✓ 待人的态度；
  - ✓ 合作精神；
  - ✓ 耐心听取别人的意见。

- **活动能力、影响力：**
  - ✓ 领导能力；
  - ✓ 持久的工作积极性；
  - ✓ 以团结和说理的方式说服人的能力；
  - ✓ 自信心和敢于发表自己意见。

以下是某组织为无领导小组讨论设定的一个案例。

如何管理刚毕业的大学生

东阳公司总经理李绍东最近遇到了一个管理上的难题。去年，公司招来了几名00后大学生，李绍东将他们分配在不同的基层岗位上。刚开始他们还能积极主动地工作，业绩也还不错，但最近李绍东发现，他们似乎不像以前那样积极了，布置下去的工作要么应付了事，要么拖延很久都完成不了，甚至出现了迟到早退的现象。

李绍东陆陆续续地听到了一些老员工对这批新员工的批评，他马上意识到了问题的严重性，决定让人力资源部门将这几名新员工召集起来，听听他们的心里话，找找问题的原因。

在行政部门工作的徐枫说："我本来是怀着满腔热情干事业的，可是这一年多以来，我每天不是收发报表就是处理日常的一些杂务，感觉自己的工作没什么意义和价值。与同期其他做客户工作的同学相比，无论是工资还是能力上的差距都越拉越大。"负责系统维护的张伦说："与其他公司相比，这里的起点和平台都差了很多，晋升机会也很有限，我似乎看不到有什么发展前途。"业务部的王晓另有一番说辞："在这里工作压力太大，时间长，而物价却不断攀升，目前的薪酬几乎满足不了我们的生活需要，花了那么多时间和金钱接受高等教育，这种支出与现在的收入实在不相符。"

李绍东向负责财务的总监张明寻求建议，希望为这批新员工提供一些奖金作为激励，张明却说："如今，大学毕业生的实际工作能力实在让人失望，做事虎头蛇尾，解决问题不够深入，缺乏必要的技术和知识，却自视甚高，忽视团队协作和奉献精神，有的孩子甚至就是来添乱的，凭什么给他们发奖金？"

听完各方的话，李绍东陷入了沉思。为了更好地管理和培养这批新员工，并留住其中的优秀人才，他接下来应该怎么办？请按照有效性从高到低为以下措施排序。

A. 加强与新员工的沟通，使其认识到工作的价值，并调整职业心态。

B. 鼓励新员工参加业务技能培训，为将来的发展打好基础。

C. 让新员工承担独立负责、有挑战性的工作，帮助其提升能力。

D. 给新员工岗位轮换或挂职的机会，给予他们更大的发展空间。

E. 加强并完善制度管理，通过适当奖惩制度引导和管理新员工的行为。

F. 为新员工安排导师，并建立定期沟通机制，加强对新员工思想动态的掌握。

G. 帮助新员工制定符合自身特点的职业发展规划，尽早确定工作目标。

H. 通过运用物质和精神手段（如设立新员工奖等）给予新员工一定的激励。

类似上述这种选择与排序的讨论题目容易引发候选人之间的讨论，有利于衡量候选人的合作、沟通、协调和解决问题的能力，效果好于开放性题目。

（3）案例研究

我们在课堂培训中经常会使用案例研究的方法（这也是哈佛商学院的典型教学

方法之一）。组织在选拔高潜人才时也可以使用这种方法。在进行案例研究时，可以请候选人对复杂信息进行加工，然后给出建议或做出决策。在完成书面任务之后，还可以请候选人进行口头呈现、答辩或者小组讨论。案例研究考察的是候选人的问题分析、决策分析、问题解决和决断力等能力。组织可以根据候选人角色层级的不同进行不同的案例研究。

案例应来源于现实情境。如果候选人的背景不同，案例就需要包含所有候选人都能够辨识的主题。某组织在实施高潜人才项目时为不同岗位的候选人设置了不同的案例研究主题，具体如表 3–5 所示。[①]

表 3–5　　　　　　　　某组织为不同岗位设置的案例研究主题

岗位	内容
执行官/总经理	建议：一个成功的部件制造商是否应该为其产品寻求更广的国际市场
交通总监	分析：一个州的区域交通规划
市场经理	市场规划：面向范围更广的客户群销售产品或服务
IT 顾问	建议：开发面向不同业务线（如健康关爱、零售销售）的软件系统
维修主管	时间安排：拥有各种技能的技工在不同部门轮班
产品分析师	分析：保险理赔运作流程
财务分析师	成本/收益分析：制造或购买一种组织需要的产品
市场/销售代表	建议：基于过去的销售数据，陈列不同类型的家居产品

以下是智鼎公司为某公司设置的一个案例研究题目，供大家参考。[②]

高海天今年 43 岁，于 1993 年加入中国 ×× 银行 S 省分行，在某基层网点工作。2000 年，由于绩效突出，他由基层网点调入 S 省分行公司金融部，从一名普通员工成为团队主管，2012 年被任命为公司金融部副总经理。期间，他的业绩一直比较突出，在公司金融领域有丰富的业务知识和经验，业务创新能力较强，得到了上级和同事的普遍认可。

2016 年 8 月，高海天通过中层干部竞聘，被任命为 S 省分行下属的 A 市分行（以下简称 A 分行）行长。上任之前，省行领导与高海天

[①] 摘编自 *Developing Organizational Simulations: A Guide For Practitioners, Students, and Researchers* 一书。
[②] 案例研究题目来自智鼎公司人才测评与发展事业部。

谈话，指出目前A分行的公司和个人业务的发展都面临很大的挑战，公司不良贷款的形势比较严峻，个人业务打不开局面，希望他能发挥自己的优势，扭转A分行业务发展的不利局面。高海天满怀信心，在到达A市之前，他已经在脑海中勾画出了一幅拓展A分行业务的蓝图。

上任后，他首先走访了各支行，与广大中层干部座谈，了解当地的实际情况，又分别与各支行的班子成员交流。A分行目前领导班子的配置是一正四副，分别是分管公司业务的副行长万宝国（2015年底从省行某直属支行副行长调任）、分管个金业务的副行长李霞、分管风险和财会的副行长刘刚，以及纪委书记李梅君（后面三位均是本地提拔起来的干部）。通过走访和交流，高海天了解到，近几年受经济下行的影响，A市中小企业受到了较大冲击，后果就是分行公司贷款的不良率居高不下。与当地同业及省行辖属兄弟行相比，A分行基础客户拓展仍有待加强，过于依赖少数重点大客户的贡献，个人业务中有效客户占比增长缓慢，中高端客户对个人业务收入的贡献度不高，而且长期以来习惯于吃息差的经营模式造成了A分行缺乏产品创新动力。由于不良事件频发，不少中层干部和骨干员工或者受到了处分，或者绩效受到了影响，员工的压力普遍较大。更严重的是，一批中层干部和骨干员工纷纷离职，人才出现了断层。2014年和2015年，A分行在同类行综合考核中都排名倒数，在当地国有四大商业银行中，市场份额占比也排在最末位。

通过调研，高海天也发现了A市未来经济发展的潜力。当前，A市政府已经开始推动转型升级和结构调整来应对经济下行的压力。未来，A市经济三个最重要的新增长点是北部的现代服务业、西部的高新技术创业园，以及县级市H市的贸易园区建设。

了解了A市和分行的基本情况后，高海天认为，虽然目前分行业务发展存在外部环境和内部人员等方面的种种困难，但只要找准突破口，制定清晰的发展战略，依靠全行干部和员工的共同努力，A分行的业务还是非常有发展潜力的。他也希望能在半年到一年的时间内，带领A分行取得几项突出成绩，激发大家开拓业务的热情。

带着这样的想法，高海天召开了行领导班子会议和中层干部会议，向全行干部阐述了当前分行业务发展的形势以及对省行战略、风险管控等关键问题的认识，提出了"一年扭转不利局面，两年实现稳步增长，三年争取业绩翻番"的全行发展目标。会议上，高海天注意到，万宝国对他提出的发展目标响应比较积极，也主动贡献了公司业务发展的具体思路。但李霞却不太积极，她指出："目前A市有潜力的客户差不多已经被同业瓜分殆尽，在此基础上想让个金业务有显著增长困难不小。"刘刚则提出这几年省行对风险的把控一直比较严，发展业务的前提还是要建立在严控风险的基础上。高海天听到这些话后皱了皱眉头，不过他说："这些不利的方面我都考虑过了，我们可以向省行个金部和个金业务一直做得比较好的B分行取经，学学他们拓展客户的方法，相信我们也能做到。另外，我们要重点抓优质大客户的大项目，这类客户的潜在风险比较小，也符合省行的战略。"

看到大家不再说什么，高海天便引导大家讨论并制定出了具体的业务发展方案，重点包括：第一，调整和优化公司业务结构，制定了对存量重点大客户进行深入挖潜、成立重点工作小组跟进政府三大新增长项目、高层重点营销有效客户等策略；第二，发动全员"走出去"，扩大基础客户群；第三，严控风险，充分整合资源以化解不良；第四，加快推进中层管理干部的能力建设，形成人才梯队；第五，改革考核方案，加大营销的激励力度，设计覆盖全员的绩效考核方案。

有了目标，高海天率先垂范、亲力亲为：密切与当地政府联系，先后拜访了市委市政府相关领导，表达了A分行支持当地经济建设的决心，获得了相关领导的认可；逐一上门拜访了分行的几个重要大客户，与相关企业的负责人建立了较好的关系；与省行公司联动，与几个省行级重点客户初步建立了合作意向。方案推行之后的第一个季度，高海天定期召开行务会，了解各条线的进展，并讨论各位分管行长汇报的具体问题。需要他出面营销的，他积极配合；需要向省行争取资源的，他也努力协调。听到大家都在逐步推进计划，他觉得一切都走上了正轨，假以时日，肯定能看到分行业绩的增长。

业务发展方案推进的第二季度，恰逢2017年开门红。但是，在盘点了开门红的各项营业指标后，高海天发现，分行业务发展远不如预期的理想，各项指标的完成情况并不乐观，离省行下达的指标还有不小的差距。就此现状，高海天又召开了一次行领导班子和中层干部座谈会，想了解一下大家的看法。万宝国说:"我觉得咱们行的客户基础薄弱,从当地市场看,其实客户提升空间还是不小的。但我发现在这边做业务与在省会地区不太一样,这边还是要靠关系、靠人脉,不然很难切入进去,总是差临门一脚。之前行里计划重点发展的几个大项目并没有取得突破性的进展;对重点客户的营销也因为当地同业的加入变得更加复杂和困难,推进十分缓慢。前段时间,由于风险管控,我们在某些授信方面难以满足客户的要求,还造成了一位重要客户的流失,被同业抢走了。"李霞接着说:"这几年,个人业务都不好做,虽然全行员工非常努力地进行存量客户的挖掘和新客户的拓展,但有效客户数的增加和中高端客户的结构变化并不明显。而且,客户的资金很多都流向了股市和互联网金融领域,个人存款的整体增幅也不明显。另外,这两年走了不少骨干理财经理,带走了不少客户,而新的理财经理在经验、营销技巧方面都不成熟,做业务真是越来越难。"刘刚说:"现在经济下行,不良贷款的影响很严重,这个时候要特别关注风险,还是保守一点好,这也符合省行控风险的策略。开门红期间,不良资产的压力倒是得到了一定程度的缓解,但也仅仅刚好完成任务指标。"某基层网点主任甲说:"我觉得咱们行这些中层干部都挺敬业的,加班加点,遇到困难都冲在前面,付出很多,做得也很辛苦。可有时候我发现,就我们干着急,底下的员工一点都不急。我听到有的员工说,辛苦营销的客户万一形成不良资产,全都白做不说还要挨批,还不如不做呢。"网点主任乙说:"您上次在营销那位大客户时使用的新方案对大家的触动都挺大的。现在,银行产品同质化严重,不创新就没什么竞争力,可咱们现在确实也没能力做出好方案,一是因为大家都习惯了以前做业务的办法,思路还不开阔;二是因为咱们行这几年流失了不少有想法的骨干,挺可惜的。前段时间,我们网点眼睁睁地看着一位维护了很多年的大客户被×行用互联网创新的方案给挖走了……"

听了这些意见,高海天回想在他上任后的半年时间里,大家都在忙前忙后,没有丝毫懈怠,但凡想到的问题,他都进行了部署,为什么不仅没有扭转局面,情况反而越来越不乐观呢?高海天陷入了沉思。

问题:

1. 请分析高海天在落实业务发展战略的过程中遇到了哪些问题?

在这些问题中，最核心的问题是什么？

2. 假设你是高海天，要想顺利地推进业务发展战略，你马上会采取什么行动？为什么？

（4）"管理者的一天"

"管理者的一天"是一种整合的测评方法，模拟目标职位上的管理者在一天中可能遇到的挑战性工作场景。具体的操作方式有现场行动和技术赋能两种。这两种方式的比较如表3-6所示。①

表3-6　　　　　　　　　"管理者的一天"的操作方式对比

时间	模拟类型	现场行动	技术赋能
上午早些时候	准备	给候选人一些书面信息，描述组织的情况、结构和必须处理的关键问题。信息还包括对在一天中将要发生什么的铺垫（如与同事开会的一系列事件）。这些信息一般是以静态备忘录、电子邮件等形式呈现	给候选人一些电子信息，描述组织的情况、结构和必须处理的关键问题。信息还包括对一天中将要发生什么的铺垫（如与同事开会的一系列事件）。当候选人浏览背景信息时，上述信息可能以电子邮件、语音信箱、模拟的突然来访者等形式出现
上午晚些时候	个体-信息	要求候选人在当天晚些时候向老板做汇报：如何解决组织当前面临的一个关键问题。然后向候选人提供做汇报所需要的信息	向候选人发送一封高优先级邮件，要求候选人准备向老板做汇报：如何解决组织当前面临的一个关键问题。候选人需要在线寻找做汇报所需要的信息
下午早些时候	组间	候选人与同事（和其他候选人）面对面开会讨论一个公共关系危机。小组负责找到解决问题的方案	候选人与同事（和其他候选人）以虚拟方式（电话或视频会议）讨论一个公共关系危机。小组负责找到解决问题的方案
下午中间时候	个体-信息	候选人收到一些打印出来的需要处理的备忘录、报告、电子邮件等，同时完成当天早些时候安排的汇报	候选人陆续收到一些电子邮件、语音信件和及时消息，同时完成当天早些时候安排的汇报
下午晚些时候	个体-人际	候选人在面对面的会议上向老板提出建议。老板不仅会挑战候选人的汇报，还会挑战小组早些时候开会时所做的方案	候选人在网络会议上向老板提出建议。老板不仅会挑战候选人的汇报，还会挑战小组早些时候开会时所做的方案

① 摘编自 Developing Organizational Simulations: A Guide For Practitioners, Students, and Researchers 一书。

以下是一个简化版的"管理者一天"的案例,供大家参考。

背景介绍

假设你是北街支行行长陈晓东。2017年4月底,由于原行长离任,你通过竞聘到该职位任职。

北街支行是某银行在省会S市下辖的一家管辖性支行,下设六个网点和一个营业部。

S市是一座传统工业城市,装备制造、纺织、能源电力等支柱产业基础深厚,食品加工等一批优势产业也在不断发展壮大。

北街支行位于S市经济开发区,地理位置和市场环境相对较好。2016年,该支行的发展不尽如人意,公司业务只完成了67%,个金业务的完成情况同样堪忧。该支行在省会城区八家管辖性支行中综合排名第六。

目前,股份制商业银行不断进驻当地,挖角现象较多,骨干员工流失,支行中层管理人员的年龄普遍偏大,年轻员工的职业发展诉求得不到满足,人心不稳,人才断档的问题呼之欲出。

出场人物介绍

钱明,男,44岁,省分行副行长,分管个金业务。

陈晓东,男,40岁,北街支行行长。

孙思源,男,39岁,北街支行副行长,分管公司金融业务。

李芳,女,42岁,北街支行副行长,分管个金业务。

周强,男,38岁,北街支行副行长,分管财务内控。

吴涛,男,45岁,北街支行综合管理部主任,主管行政、监察和党务等工作。

郑晓艾,女,40岁,北街支行营业部主任。

赵恩洋,男,40岁,S市一家食品加工企业Y的总裁。

支行领导班子除陈晓东外,其余均为原班子成员。

假设现在是2017年11月6日上午9:00,星期一。接下来的60分钟,将模拟从上午9:00至下午5:30所发生的事情。

上午9:00

支行领导班子正在例会上激烈地讨论是否加入"市民卡"项目。该项目是S市政府今年利民工程的重大项目之一,北街支行和当地另一家同业打算参与其中。上级行领导对此项目高度重视，想先由几家支行联合参与。

支行分管个金业务的李芳副行长说："这么好的机会，咱们一定要抢先争取。以往的卡片只有单一功能，个人信息是碎片化的，现在这张卡功能多样，个人信息高度整合，对后续的大数据分析和精准了解客户需求十分必要，而且很多医院、商家也会参与其中，有利于我们在未来开拓市场，加强资金沉淀。"分管公司金融业务的孙思源副行长说："我觉得还是应该再考虑一下，以往也有类似的项目，前期我们投入了大量的时间和资金，获客数量虽然有显著增加，但给行里带来的实际收益并不明显。据我了解到的同业情况是，这个项目前期投入的人力成本和资金成本都非常大，而且未来有很多不确定性。"分管财务内控的周强副行长说："资金确实是一个大问题，咱们行这两年效益不好，现在各项费用预算都吃紧，还是要把钱用在刀刃儿上，这个项目未来什么样谁也不好说……"会议一度陷入了沉默。

- 面对这种情况，你将如何应对？为什么？
- 针对大家反映的问题，你会采取哪些措施（列举的措施要有针对性、有效性和可操作性）？

上午10：18

会议结束了，你回到了办公室，准备10：30出发去拜访一位重要客户。突然，你收到了综合管理部主任吴涛发来的微信图片信息，接着就接到了他的电话。

"陈行，情况紧急，我就直接说了！十几位因去年在营业部购买理财产品出现亏损的高端客户现已聚集到支行门口，要求我们必须赔偿他们的全部损失，否则就向媒体举报我行涉嫌欺诈。营业部的郑主任正在与这些客户积极沟通。之前，我们一直在设法安抚客户，但客户赔偿全部损失的要求的确很难满足。他们还带来了媒体，现场情况有些失控。"

注：一个星期前，部分高端客户开始陆续投诉，去年在北街支行购买理财产品时，该行的营销人员有误导的行为，导致客户无法接受亏损。

- 面对这种情况，你将如何应对（请写出你的原话）？
- 针对这些问题，你将采取哪些措施（列举的措施要有针对性、有效性和可操作性）？

上午 10：45

你在电话里妥善处理了高端客户投诉的事情，然后和孙思源一起来到了距支行不远的 Y 公司，拜访该公司总裁赵恩洋。Y 公司是当地最大的食品加工企业，是支行贷款业务的重要客户之一，但因为某次贷款发放时间相对过长，耽误了 Y 公司的业务发展。赵总对此非常不满，决定终止与支行的业务合作。经过孙思源的多番努力，此事后来得到了缓和。现在，该公司有一个新项目，有 1.5 亿元的贷款需求，但上级分行只批复了 7500 万元。前期，孙思源协调相关领导，已多次与上级分行沟通过此事，但给出的回复均是因总行的行业政策原因，只能授信 7500 万元，可客户方还是坚持 1.5 亿元的贷款需求，迟迟不肯提款，且透露他们已经与他行见过几面，对方提出若干优惠条件，还表示可以拿到 1.5 亿元的批复。若继续耽搁下去，一方面，客户恐将对支行失去信任，后续很难再合作；另一方面，这恐怕也会打击支行员工的积极性，为管理埋下隐患。

- 面对这种情况，你将如何与赵总沟通？请逐条阐述你的想法。
- 在接下来的工作中，你将采取哪些措施（措施要有针对性、有效性和可操作性）？

下午 1：30

你下午 2：30 要参加省分行中层干部会议，并向相关领导汇报工作，此时你需要完成一篇 200 字左右的工作备忘录。以下是前期调研小结：北街支行全行对公业务占比约 70%，个金业务占比约 30%，2014 年、2015 年和 2016 年，该行在全辖同类八家支行中综合排名分别是第二、四、六位。截至 2017 年第三季度，存款任务只完成了 72%，贷款任务完成了 65%。个金业务指标完成情况同样不理想。自 2015 年起，不良贷款开始猛增，不良事件频发，绩效水平持续下跌，员工收入也受到很大影响，工作积极性不高。在个人业务方面，发卡业务增幅在当地同业排名第二，其他个金产品由于同业产品同质化严重以及基层工作人员营销能力不强和积极性不高，销售情况不理想，除发卡业务之外的很多指标都无法完成，业务陷入困顿，多次在省分行会议上被分管个金业务的副行长钱明点名批评。在人员管理方面，员工年龄结构整体呈V型，中层管理者年龄集中在41~45岁，占比超过65%；青年员工个人职业发展得不到满足，缺乏有效的职业上升通道。

- 工作备忘录（包括但不限于工作思路、开展工作和计划措施）。

下午5：30

你正在参加支行组织的立冬关怀员工座谈会。座谈会本想关心基层员工、聆听员工心声，可最后变成了抱怨会。

员工A说："陈行，您从省行来到北街支行之后，行里出现了很多新的变化，我们也愿意跟着你让北街支行越来越好。但将行里三个部门合成两个部门，我们挺有意见，把我们累得够呛不说，工作效率也没见提高，而且部门之间还会因为新政策没有具体的操作办法出现不愉快。"

员工B说："这种现象不仅出现在部门之间。现在二孩政策落地后，不断有员工申请休产假，导致其他人的工作任务越来越重。除了日常工作外，现在还多了很多培训、党建等其他事情。我入行三年，一直在坐柜，很少有机会接触其他业务，感觉既学不到东西，也看不到晋升通道。好多与我有类似情况的人都有跳槽的想法。"

你有些震惊。你到任后经过调研分析，推进了一系列的改革举措，如部门人员精简、加强基层员工培训等，以期促进业务的发展。可现在，你发现基层员工抱怨连连，而且确实存在他们反映的情况。

- 面对这种情况，你将如何应对（请写出你的原话）？
- 针对问题，你将采取哪些措施（措施要有针对性、有效性和可操作性）？

高潜人才选拔中的初筛测评

如果符合基本条件的候选人较多，组织就可以根据初步的评价信息对候选人进行初筛，并对剩下的候选人进行深度测评。这样做既可以节约成本，又可以提高效率。人力资源部门在做出决策时可能面对以下四种情况，如图 3-2 所示。

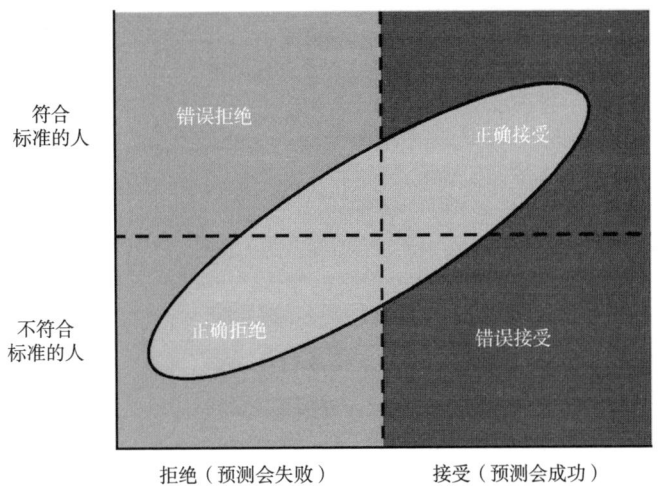

图 3-2 人力资源部门在做出决策时可能面对的四种情况

在进行初筛测评时，组织应想方设法提高正确决策（正确拒绝和正确接受）的比例，降低错误决策（错误拒绝和错误接受）的比例。基率（即候选人中符合标准的人数比例）如果高，正确接受的概率就高，错误拒绝的概率也高，而且基率很高时，提高正确接受和避免错误拒绝的改善空间都很小。基率为 0.5 时，有可能将错误决策比例降到最小值，而且如果效度充足，也可能做出正确的决策。此时，使用测评工具有助于提高决策的整体质量。

如果设置了初筛测评环节，组织在选择测评工具时就一定要慎重，避免"错误拒绝"的发生。拒绝真正的高潜人才将给员工带来很大的伤害，他们会质疑组织是否真的重视人才。例如，如果只使用笔试，那么无论是专业笔试还是认知能力笔试，都存在极高的"错误拒绝"风险。

另一方面，使用初筛测评筛选候选人的比例不宜过高，要根据使用的测评工具组合的情况而定。如果使用了较好的组合，筛选比例就可以稍大，但一般不会超过 50%，否则，出现"错误拒绝"风险的概率将大大提高。只有当一种测评工具较前一种测评工具有增量效度（incremental validity）时，组织才可以使用这种测评工具。例如，在认知能力测验的基础上增加管理能力测验是比较合适的，而增加另外一种类型的认知能力测验可能就不会提高多少预测效度。

HIPOS

第4章
需求分析和高潜人才项目的目标设定

　　高潜人才只有为新的领导角色做好了准备，才会在未来有卓越表现。在本书中，我们把在特定领导角色上表现卓越者所具备的共性特征归纳为"卓越画像"。有了未来领导角色的卓越画像，高潜人才项目就有了"靶子"，可以"有的放矢"了。我们将先简单介绍"卓越画像"，然后再详细介绍需求分析和高潜人才项目的目标设定。

物有本末，事有终始。

——《大学》

为"卓越"画像

高潜人才项目需要的卓越画像可以针对某个岗位,也可以针对某一层级岗位类别。组织在转型(如传统银行向数字化银行转型)时需要更新卓越画像。

智鼎公司提出了卓越画像的五因素模型,这五因素分别是知识和技能、经历、胜任力、职业动力、性格。

知识和技能

知识和技能指特定岗位或角色所需要具备的"应知应会"。有些工作在知识和技术方面的要求高,特别是专业性较强的工作,需要任职者接受过系统的、扎实的专业学习和训练。

卓越画像中的"知识和技能"与美国著名管理学者罗伯特·L.卡茨(Robert L. Katz)提出的技术技能(technical skills)类似,显示的是管理者对某项活动,尤其是涉及方法、流程、程序或者技巧的特定活动的理解程度和熟练程度。卡茨认为,在较低的管理层级上,技术技能是最重要的;随着管理者职位逐步上升,离具体业务越来越远,技术技能的重要性将逐渐降低。

经历

卓越画像中的"经历"是指可以培养和磨炼某个领导角色所需才能的经历,包括领导者曾经承担的角色以及完成的任务和项目等。表4-1展示的是某跨国制药公司高层领导者卓越画像中的经历部分。

表 4–1　　　　　　　　　　　卓越画像之经历部分

宽广的业务经历	需要广泛运用与业务运营相关的知识经验的角色和项目
全球经历	• 在母国以外的地区、区域和/或国家的经历 • 负责的全球项目或在项目中承担的角色
跨职能经历	• 横跨公司价值链的多个职能部门的经历（如市场、销售、运营、财务、制造、研发、公共事务、市场准入、直线管理和人员配置等） • 在一个职能类别中有多个领域的经验（以市场营销为例，包括 DTC 营销、付款人/客户营销、业务分析、市场运营、促销计划等） • 对多个职能负责的角色
聚焦外部的角色或项目	• 与客户、合作伙伴、利益相关者、主要意见领袖、政府、公共事务等建立关系 • 了解不同的客户群体中客户观点如何变化，以及它们是如何演化的
多样化的业务情景	面对多种业务挑战的角色和项目
接触多个市场或多种业务模式	• 接触不同类型的市场竞争：公开竞争或限制性竞争、一般竞争、激烈竞争 • 新兴增长市场或发达经济体 • 不同规模和复杂性的市场
修复或转机	• 接管业绩不佳的业务或团队；"遗留问题"情景 • 成本控制环境 • 在危机或高压力环境中表现良好
初创或成长型企业	• 管理新事务，推出新产品，成立新的团队或业务部门
领导复杂性的递进	提升领导能力且复杂性不断提升的角色和项目
领导规模越来越大的团队	• 负责领导规模和复杂性都不断扩大的团队 • 领导虚拟团队 • 领导多学科成员组成的团队，这些成员的观点和经验水平都不一致 • 具有处理棘手的员工关系或遗留问题的经验
非职权的影响	• 共担责任、有较大不确定性的角色或项目 • 跨职能影响，或处在一个需要强大的同事关系的矩阵式环境里

胜任力

胜任力是区分某个领导角色的表现是普通还是优异的个人特征。例如，华润集团提出的八项领导胜任力分别是为客户创造价值、战略性思维、主动应变、塑造组织的能力、领导团队、跨团队协作、正直坦诚、追求卓越。

在实践中，为了避免不同项目"都穿一样尺寸的衣服"，组织需要对胜任力水平进行等级划分，以明确特定项目的发展目标，选择有效的发展方法，衡量目标的达成情况。例如可划分为初学者等级（新任领导角色或没有机会展现出特定胜任力）、胜任等级（在实际活动中已经展现出特定的胜任力）和专家等级（能够担任他人的导师和教练）。胜任力等级表示的是体现该胜任力的行为表现的强度和复杂度，以及熟练程度和专业度，能够反映出在不同挑战性情境中的行为差异。胜任力最终应划分为几个等级取决于使用者能否感知到等级差异，一般可划分为五级：一级为有待发展；二级为基础；三级为胜任；四级为优势；五级为非常有优势。每个胜任力等级都是在其他等级的基础上逐步建立起来的。例如，一位领导者如果能始终如一地表现出三级胜任的行为，那么他就必然能够始终如一地表现出二级基础的行为。

组织可以对每个等级的行为进行描述，便于评价和培养。行为指标是对行为和思维模式的描述，它们对优异绩效有贡献，是具体的、可以观察到的行动。它们来源于对突出表现者的关键事件访谈，并界定了胜任力展现的具体方式。每个行为指标都是一个主题（源于多个访谈获得的实例）。例如，某制药公司"预见客户需求和市场需求"这一胜任力的概念和分级定义如下。

- 概念

聚焦于外部，对客户和利益相关者有深刻的了解。通过发展积极、合作性的伙伴关系，建立公司与外界的联系，推动可持续的业务成果。

- 分级定义

一级（有待发展）：在这方面表现不足。

二级（基础）：关注外部标杆。了解其他公司正在做什么，特别是面临类似业务挑战的公司。获取外部信息，以解决特定业务问题并指导决策。

三级（胜任）：识别关键客户群体，并了解他们的需求。调动资源，投资现在和未来的商业机会，解决问题和/或改善现有关系。

四级（优势）：深入了解市场趋势。获取关键外部客户和利益相关者的信息，了解他们未来的发展方向，以及公司如何能够满足这些需求以发展业务。亲自与关键客户和利益相关者沟通，了解、满足并预测他们的需求。

五级（非常有优势）：建立积极的伙伴关系。与外部客户和其他关键利益相关者建立互惠互利、合作性的关系，主动且定期与他们会面，以了解他们未表达的需求，并预测他们未来的需求；创建共同点，并且共创解决方案，以改变行业格局，支持全球健康事业的发展。

不同管理层级需要的胜任力是不同的。例如，对于基层管理职位而言，处理部门内部关系的能力至关重要，但随着管理层级的上升，处理跨部门关系的能力将越来越重要。

如果无法对胜任力的五个等级都进行行为锚定，那么可以只对一级（基础级）、三级（中级）和五级（高级）进行界定，如表4-2所示。

表4-2 胜任力等级界定

等级	技能熟练度	适用的情境	独立程度
基础级	知晓、理解，有一定程度的应用	简单的情境	经常需要他人的帮助和指导
中级	应用于常见的任务	有一些难度的情境，但还在常规之内	基本可以独立完成，偶尔需要指导
高级	有一定程度的创新和灵活性	复杂的情境，需要应变	能够独立完成，且能够指导他人

高潜人才可以分为多个层级。不同层级的高潜人才，需要发展的领导胜任力的侧重点不同。表4-3展示的是全球革新与顾客解决方案公司的负责人汤姆·罗斯（Tom Rose）博士的观点。

表4-3 层级不同，需要发展的领导胜任力不同

	从个体贡献者到基层领导者	从基层领导者到中层领导者	从中层领导者到高层领导者
之前已经具备的优势	达成结果 行动导向 分析技能 服务导向 团队合作技能 技术技能 改进个人工作流程	打造高效团队 结果导向 以更宽视角看待组织 职能技能	业务敏锐度 客户导向 达成目标 战略导向
为成功转换到下一个角色所需要优先发展的胜任力	激励他人 人员管理 建立高效团队 解决问题	将战略转变为行动 管理愿景和目标 跨部门工作 业务敏感度 管理两难问题 改进业务流程	管理愿景和目标 谈判 创新管理 引领组织变革和文化变革 经营性收入实现最优化

职业动力

职业动力是指驱动个体在特定环境的特定工作中付出努力的因素,如职业兴趣、工作价值观等。当个体的需求与组织能够提供的回报一致时,他们的职业动力就会增强,敬业度就会提高,工作表现也会得到提升。例如,某银行支行行长这个领导角色能够提供很多机会来满足达成目标、获得充实感、影响他人、实现个人成长等需求,而很少提供机会来满足平衡工作和生活、获得自由等需求。

性格

卓越画像中的"性格"包括匹配因素和脱轨因素。匹配因素是某些有助于扮演好某些工作角色的性格特质;脱轨因素是导致原本有能力的领导者陷入困境或失败的行为特点。例如,银行柜员卓越画像中的性格匹配要素包括关注细节、实践性、尽责、守规性、有助人倾向等。表4-4展示的是某公司高层领导者卓越画像中的脱轨因素。

表 4-4　　　　　　　　　　卓越画像中的脱轨因素

脱轨因素	行为样例
1. 不能/愿意适应和改变	• 在适应模糊、不确定和变化的环境时缺乏灵活性和/或韧性 • 抗拒变革 • 不愿意学习在变化的环境中获得成功所需的新技能和行为
2. 过于自私	• 过于自我推销,将别人的想法和工作业绩归于自己 • 不择手段地追求个人抱负和达成职业目标 • 更关注职位权力的象征(如职位头衔、办公空间、与关键人物见面、在会议和事件中以高姿态现身等),而不是把事情做好
3. 缺乏勇气和信念	• 避免采取强硬的立场和可能引起争论的决策,避免冲突,不处理不恰当的行为 • 不捍卫团队成员或自己的观点
4. 过度控制的管理风格	• 为实现控制,刻意地、不恰当地缩小责任范围 • 不将责任和决策权授予合适的层级,试图自己做所有的事情 • 驳回异议,以维持对形势或方案的控制
5. 造就能力差或平庸的团队	• 不识才,看重华而不实的人 • 远离实际工作,不知道是谁真正产生结果 • 绩效标准低 • 无法吸引和/或保留A级人才 • 基于忠诚而非业绩做出人事决策

续前表

脱轨因素	行为样例
6. 言行不一	• 不能说到做到 • 不遵守诺言 • 会议上同意决策，但一出会议室就执行另一个决策 • 违背自己表示过同意的战略、决策和承诺

当一位领导者向新的领导角色过渡时，那些过渡失败的人往往不是由于缺乏技术能力或业务能力，而是缺乏人际交往能力和个人能力（如管理自我）。这些能力的外在行为表现就是脱轨行为。导致脱轨行为的因素有很多，大部分来自"冰山"之下，如性格、动机和自我概念（如自信）等。

如表4-4所示，第一种脱轨因素是缺乏成长思维的典型表现，对自我的认知固定不变；第二种脱轨因素和价值取向有关；第三种脱轨因素属于取悦他人的行为，讨好逢迎，不愿意冒险；第四种脱轨因素属于对立行为，倾向于压制异见；第五种脱轨因素带来的负面影响是长期的；第六种脱轨因素与个人品行有关，将可能失去组织成员的信任。

如果从性格角度探究脱轨行为的原因，可能就是极端性格。在《论语》中有这么一段话："子贡问：'师与商也孰贤？'子曰：'师也过，商也不及。'曰：'然则师愈与？'子曰：'过犹不及。'"这段话是说，子贡问孔子："子张与子夏二人谁能干一些？"孔子说："子张做事总是做过头，而子夏做事总是差点火候。"子贡说："那么是子张更好一些吗？"孔子说："过头和差点火候是一样的。"孔子的意思是二人"俱未得中"。在《四书章句集注》中，三国时期的何晏分析了二人的性格，即子张性"繁冗"，为事好在僻过而不止；子夏性"疏阔"，行事好不及而止。

如果过度使用优势或者用错了地方，优势可能就会成为阻碍因素，尤其是在面临压力的情况下，它们的干扰会更大。例如，如果一个人过分有主见或过分热情，他可能就会刚愎自用，否定他人的意见或者向他人施加高压；如果一个人过度自信，他可能就会自我标榜、傲慢，并且过高估计自己的才干和价值贡献；如果一个人条理性过强，他可能就会固守既定的安排、规则和流程，其管理风格可能偏向过于控制型。

韩非子对君主之过进行过系统性的论述，他认为君主有十种过错，其中前八种类似我们所说的脱轨行为。

一曰行小忠，则大忠之贼也。二曰顾小利，则大利之残也。三曰行僻自用，无礼诸侯，则亡身之至也。四曰不务听治而好五音，则穷身之事也。五曰贪愎喜利，则灭国杀身之本也。六曰耽于女乐，不顾国政，则亡国之祸也。七曰离内远游而忽于谏士，则危身之道也。八曰过而不听于忠臣，而独行其意，则灭高名为人笑之始也。九曰内不量力，外恃诸侯，则削国之患也。十曰国小无礼，不用谏臣，则绝世之势也。[①]

这段话的意思是，（君主的十种过错中的）第一种过错是献小忠，这是对大忠的祸害；第二种过错是贪图小利，这是对大利的危害；第三种过错是行为怪僻、自以为是，对其他诸侯国没有礼貌，这是丧身中最严重的了；第四种过错是不致力于治理国家而沉溺于音乐，这是使自己走上末路的事情；第五种过错是贪心固执，喜欢私利，这是亡国杀身的根源（类似表4-4中的第二种脱轨因素，即过于自私）；第六种过错是沉溺于女子歌舞，不关心国家政事，这是亡国的祸害；第七种过错是离开朝廷到远方游玩，又不听谏士的规劝，这是使自己遭受危险的做法；第八种过错是有过错却不听忠臣劝谏，而又一意孤行，这是丧失好名声并被人耻笑的开始（类似表4-4中的第四种脱轨因素，即过度控制的管理风格）；第九种过错是内不量力，外靠诸侯，这是削弱国家的祸患；第十种过错是国小无礼，不听谏臣，这是国家灭亡的征兆。

韩非子论及的第六种君主之过是一种既不关注团队任务，也不关心团队成员的脱轨行为。有人称之为"缺席式领导"，即身在领导岗位，心却不履行职责，是一种放任式领导。

需求分析

需求分析是保证高潜人才项目切中痛点的关键，不可忽视。完整的需求分析是培养高潜人才的起点，而组织和人才管理现状研究是需求分析的基础。

组织和人才管理现状研究

组织需要先研究组织战略、人才战略、继任规划和卓越画像，再收集并研究人才数据，评估现实和理想状态之间的差距。

[①] 摘自《韩非子·十过》。

组织战略研究主要是分析组织的战略目标及其衡量指标、战略路线图（这将影响高潜人才项目的节奏和目标），以及组织的使命、愿景和价值观。组织战略研究可以用来明确高潜人才的定义和标准以及高潜人才的发展机会。

人才战略研究主要是分析支撑组织战略的人力资源成果和举措，以及高潜人才项目对此有何贡献。

继任规划研究主要是分析每个层级的关键角色是否有继任者，以及高潜人才项目将为哪些关键角色的供给提供帮助。

目标领导角色的卓越画像研究有助于定义培养目标，设计发展活动。

研究人才数据主要是分析离职率（人才保留是问题吗？发展机会对此有何贡献）、平均留任期、横向流动（除了晋升之外，鼓励人才流动吗）和关键角色的内部填充率等，可以为确定高潜人才项目的目标奠定基础。

需求分析的三种方法

1. 访谈法

访谈法既可以应用于高层（明确组织需求），也可以应用于学员本人（明确个人需求）。

在进行需求分析时，进行高层访谈有助于获得高层管理者对高潜人才项目的支持和积极参与。以下是进行高层访谈时可以提出的问题。

- 你对目标角色（学员将要承担的新角色）的胜任力有哪些期望？
- 你希望学员在学习中可以将组织当前面临的哪些问题作为研讨主题？
- 你分管的业务或职能面临着哪些挑战？
- 要应对这些挑战，这些学员需要做好哪些准备？
- 这些学员目前的胜任力有哪些是急需提高的？
- 你希望高潜人才项目中包含哪些主题？原因是什么？这些主题的优先级是什么？

对学员本人进行访谈能够明确学员目前在工作上的需求及其职业发展的需求。以下是进行学员访谈时可以提出的问题。

- 你在当前工作中面临哪些主要挑战？
- 应对上述挑战，你需要掌握哪些技能？

- 想要实现你个人的下一个职业发展目标，你需要提升哪些能力？
- 你希望项目提供哪些主题的内容？

2. 360 度评估

在进行 360 度评估时，多个来源的评估者将对学员在领导胜任力方面可观察到的具体行为进行评价。评估者包括本人、直接上级、下级、平级同事等。使用 360 度评估方法旨在明确具体的胜任力发展需求。所有学员都需要发展的胜任力就是高潜人才项目的发展内容。个性化的发展需求则可以通过制订并实施个人发展计划的方式来满足。

例如，针对学员的沟通能力进行的 360 度评估可以使用以下题目（SA 表示非常认同；A 表示认同；U 表示不确定；D 表示不认同；SD 表示非常不认同）。

- 谈话时能够清晰、准确地表达想法。（SA A U D SD）
- 能够以书面方式清晰、准确地表达想法。（SA A U D SD）
- 对不同的听众使用恰当的沟通方式。（SA A U D SD）
- 是一位有效的倾听者。（SA A U D SD）
- 在特定情景中使用恰当的声音和语调。（SA A U D SD）
- 与别人互动时气氛融洽，尤其是在人际关系敏感的情境中。（SA A U D SD）

对于比较重要的较高层级的目标岗位，还可以对学员进行 360 度访谈（对 360 度评估法的补充），以得到多个来源更加深入和具体的反馈信息。进行 360 度访谈时，可以先谈其他人，最后谈学员本人。

3. 知识和技能以及经历调查法

这种方法需要对学员的知识和技能以及经历这两个方面进行调查。知识和技能是承担目标角色的基础，经历指的是承担目标角色所经历过的工作和场景。有卓越画像是使用这种方法分析需求的前提。通过与目标角色所需要的知识和技能以及经历进行对比分析可以确定学员的发展需求。

在使用这种方法时，可以使用《知识和技能以及经历调查表》。调查表需要学员本人及其直接上级填写。该表的部分内容如下。

> **知识和技能**（三级评价：1 不了解；2 够用；3 专家级）
> – （　　）财务分析

- (　) 战略规划
- (　) 风险管理

经历（三级评价：1 缺乏；2 够用；3 很丰富）
- (　) 实施过业务流程重组
- (　) 在风险管理与控制岗位工作过
- (　) 为业务发展指标负责过

发展内容的确定

发展内容指高潜人才项目要培养高潜人才具备哪些具体的知识、技能、经历和领导胜任力。待确定的发展内容主要指学员群体的共性需求和重点需要提升之处。学员个体的发展内容将在测评反馈后通过制订和践行个人发展计划来确定，我们将在第 9 章中详细介绍。前文已介绍过对学员进行的知识和技能以及经历的调查分析，下面我们将重点介绍如何确定学员要发展哪些领导胜任力。

领导胜任力的差距和重要性分析

在组织对学员的领导胜任力进行评估以后，对照目标职位的达标等级就可以计算出学员群体平均的差距。表 4-5 展示了对照目标职位的领导胜任力（基层领导角色）对学员进行评估后发现的差距。阴影区表示的是合格等级，"√"表示的是学员当前的平均水平，差距就是标准（合格等级）减去现状（学员当前的平均水平）。

表 4-5　　　　　　　　　　　　　领导胜任力差距

领导胜任力	低		中低		中		中高		高		差距
等级	1	2	3	4	5	6	7	8	9	10	
打造团队				√							3
高效执行									√		-1
沟通协调					√						4
激励他人				√							3
计划组织									√		-1
绩效辅导						√					2
经营头脑						√					1
市场拓展							√				1
知人善任				√							1

续前表

领导胜任力	低		中低		中		中高		高		差距
等级	1	2	3	4	5	6	7	8	9	10	
主动进取									√		0
专业能力									√		-1

从差距比较大的胜任力中选择重要性[①]较高的,然后进行领导胜任力发展难度评估。

领导胜任力发展难度评估

不是所有的领导胜任力都需要花大量时间来培养,例如有的学员善于识人用人,但不善于做很有条理性的工作,组织就可以为他们安排发现和培养那些能力强的下属的工作,以发挥他们的优势。但是如果学员必须具备某种领导胜任力,就需要将其纳入长期发展计划,循序渐进地聚焦于具体行为来实现自我发展,有条件的情况下可以聘请高水平的教练,以快速提升此项胜任力。

如表4-6所示,不同的领导胜任力的发展难度各不相同,可分为1~5级(1级非常容易,5级非常难)。

表4-6　　　　　　　　　　领导胜任力的发展难度

领导胜任力	发展难度	领导胜任力	发展难度
沟通协调	1	结果导向	3
客户导向	2	资源配置能力	2
建立伙伴关系	1	建立战略方向	3
说服力	2	适应能力	4
打造队伍	1	持续学习	4
领导变革	3	旺盛精力	5
打造团队	1	积极乐观	5
授权赋能	1	自我认知	4
发展他人	2	执行导向	4
商业头脑	2	环境解读	4

[①] 领导胜任力的重要性往往体现在胜任力的权重上,如表4-5中的"打造团队"的权重要高于"专业能力"。

确定发展内容

组织在完成了领导胜任力差距和重要性以及发展难度的分析之后，还需要结合访谈结果以及知识、技能和经历调查结果，最终确定学员的发展内容。以下是中信银行上海分行储备干部培养项目的三个目标（内容），供大家参考[①]。

  一是提升储备干部的综合管理技能，储备干部是业务方面的专家，但他们在管理方面介入较少，而做好日常管理和团队管理、激励和辅导员工是中层干部必备的技能；二是提升储备干部的业务专业能力，储备干部一般局限于单一领域，要成为中层干部就必须全面提升业务能力；三是提升储备干部的经营管理能力，继任者不仅要会做业务，而且要能够控制风险。此外，中层干部还要掌握如何经营一家支行、如何做好行业分析和定位以及如何做好客户的分层管理等内容。

以下是一些常见的领导胜任力行为释义，供大家在确定具体的发展内容时参考。

- **战略思维：**
  - ✓ 对外部环境中影响组织竞争优势的变化敏感；
  - ✓ 有所选择，懂得舍弃；
  - ✓ 采取与战略相一致的行动；
  - ✓ 平衡短期和长期利益；
  - ✓ 考虑到整体和局部的紧密关联性；
  - ✓ 通过鼓舞人心的愿景进行引领。

- **高质量决策：**
  - ✓ 让拥有不同专长和掌握合适信息的人参与决策；
  - ✓ 倾听经过深思熟虑的不一致的声音；
  - ✓ 对个人偏见有觉察，善于整合大家的意见；
  - ✓ 从复杂信息中找到联系和模式；
  - ✓ 面对不确定性表现出决断力；
  - ✓ 经过系统思考，不简单接受既有选项，而是拿出针对复杂问题的创新型解决方案。

---

① 摘编自中国人才发展社群 2019 年推出的《学习设计百佳案例集》。

- **引领变革：**
  - ✓ 确定问题，抓住机会发起变革；
  - ✓ 发动众人制定变革方案；
  - ✓ 为未来构建愿景，并影响内部和外部的利益相关者；
  - ✓ 围绕文化和变革问题建立共同的思维模式；
  - ✓ 理解他人的想法和感受，有效处理他人对变革的抵触；
  - ✓ 采取切实可行的行动，如在组织中树立代表变革方向的榜样，以推动变革的发生。

- **商业敏锐度：**
  - ✓ 对组织如何实现盈利、如何创造商业价值有全面的理解；
  - ✓ 利用财务和市场数据分析和研判业务的发展方向和机会；
  - ✓ 不受无关紧要的噪音的干扰，确定需要改善的、具有重要影响的业务问题；
  - ✓ 理解组织内部各个部门和业务单元的职能及它们的关系；
  - ✓ 掌握市场、行业和客户的情况以及变化趋势；
  - ✓ 采取有效的措施，使业务成果最大化。

- **战略执行力：**
  - ✓ 理解组织整体战略，不仅仅是所在部门或业务单元的战略；
  - ✓ 知悉自己所在部门或业务单元对实现组织战略产生的具体影响；
  - ✓ 制定本业务单元可以衡量的关键目标和具体成果；
  - ✓ 分析和确定驱动业务成果的因素及其关联度；
  - ✓ 通过分解指标落实责任；
  - ✓ 通过各项机制推动各项重点工作落地；
  - ✓ 监控关键环节的落实情况，及时采取纠偏措施。

- **打造团队：**
  - ✓ 通过沟通让团队成员认同团队目标，并做出心理上的承诺；
  - ✓ 鼓励团队成员参与决策，并积极采纳他们的建议；
  - ✓ 与团队成员分享比较重要的信息，了解当前面临的问题；
  - ✓ 团队成员的角色和工作流程清晰；

- ✓ 促进相互理解，建立相互支持的氛围；
- ✓ 引导团队成员进行团队共创，并在共同解决难题的过程中获得成长。

- 培养他人：
- ✓ 主动观察员工的表现，发现他们的个人特点和优势；
- ✓ 有意安排发展型任务，开阔员工的视野，发掘他们的潜能；
- ✓ 鼓励员工参加有助于做好工作和实现个人发展的培训；
- ✓ 通过启发式提问帮助员工解决难题；
- ✓ 鼓励员工采用新的工作方式，对因此导致的暂时性绩效下滑表示理解和支持；
- ✓ 关心和关注员工的职业发展，并为他们提供相关信息和指导。

- 激励他人：
- ✓ 通过观察、面谈等方式洞察员工的需求；
- ✓ 采取符合员工特定需求的激励措施；
- ✓ 发现员工潜能，鼓励他们获得更高的成就；
- ✓ 及时对员工的积极表现表示认可；
- ✓ 树立愿景，激发员工对组织目标的认同感；
- ✓ 用自己的工作热情带动团队成员，树立榜样。

- 授权赋能：
- ✓ 将适当的权力和职责分给适合的人；
- ✓ 明确期望、职责范围和权限；
- ✓ 让被授权人感受到信任和自我效能；
- ✓ 在工作中提供支持，如辅导、鼓励等；
- ✓ 监控里程碑的进展情况，及时纠偏；
- ✓ 不在细节上过多干涉，放弃微管理。

高潜人才项目的目标设定

组织应以终为始，在学员开启学习旅程之前就为高潜人才项目设定清晰合理的目标。首先，组织需要设定基础目标，即围绕高潜人才项目的最基本逻辑来确定项目目标，然后再根据不同利益相关者的利益来确定项目目标。

1. 基础目标

在高潜人才项目中，组织和学员有一个共同的基础目标，那就是提升领导胜任力。前文在介绍如何确定发展内容时已经分析了要发展哪些领导胜任力。现在，我们要确定具体的发展目标，也就是通过高潜人才项目，学员的领导胜任力要发展到什么水平。在确定具体的发展目标时，组织需要考虑以下三个因素。

第一，项目周期和投入。如果资源少，发展目标就不能定得太高。

第二，学员个人和组织本身所具备的促进学习的因素。如果学员的学习能力强，组织高度重视高潜人才的发展，那么发展目标就可以定得高一些。

第三，组织业务发展的需求。如果组织需要在未来两年内，在100名学员中培养30名学员为下一层级的领导角色做好准备，那么发展目标就是使至少30%的学员的领导胜任力水平达标。如果学员目前的胜任力水平一般，实现这个目标就是很有挑战性的；如果学员很有潜力，组织也能够在项目上投入大量资源，那么实现上述目标就可能比较容易。

2. 组织的目标

概括地说，从大部分组织的整体期望来看，组织希望通过高潜人才项目实现以下三个目标。

第一，加强人才储备。如果组织准备好成熟人才，那么一旦关键领导职位出现空缺，就能够快速填补空缺。

第二，留住高潜人才。高潜人才市场竞争力强，工作机会多。通过参加高潜人才项目，他们在组织内部能够获得更好的职业发展机会，提高他们对组织战略和文化的认同感。

第三，加速实施组织的战略和文化转型。战略和文化转型需要新一代领导者转变他们的思维方式。

与针对现任领导者的发展项目的目标相比，高潜人才项目的目标有所不同。前者侧重于确保现任领导者有好的绩效，后者则侧重于帮助组织未来的领导者做好能力准备。

3. 学员的目标

学员更关心"我能从中获得什么"。他们只有在项目中有所收获才能对参与项目做出承诺，并投入时间和精力。学员的目标主要有被选为关键角色/领导职位的继任者、领导胜任力得到显著提升、有机会得到提拔和使用等。

  以上列出的是高潜人才项目最重要的目标，而非全部目标，组织还应考虑其他利益相关者的目标。具体设定哪些目标以及如何衡量这些目标的达成情况，我们将在第 13 章中详细介绍，但这些目标和跟踪指标的设计需要在高潜人才项目启动前进行。

HIPOS

第 5 章

高潜人才发展方法论：EASE 模型

本章内容是第 6~10 章内容的先导和统领。如果各种发展方法都能够充分体现 EASE 模型的四个因素，就将大大助力高潜人才的加速成长。

领导者和非领导者的一个关键区别就是，他们能够转化生命中甚至负面的东西来为自己服务。

——沃伦·本尼斯（Warren Bennis）

EASE 模型简介

在实践中，高潜人才的成长有三种状态：第一种是自然成长，有人称其为"野蛮成长"，即他们靠自己在摸爬滚打中锻炼和成长；第二种是常规成长，即虽然组织开展了一些培训课程和培养活动，但他们基本上还是"师傅领进门，修行在个人"；第三种是很多人才想达到的状态，即一些优秀的组织会精心设计多种方法，促进人才的加速成长。智鼎公司结合自身帮助客户发展领导力的实践，提出了加速领导力发展的 EASE 模型，并且专门注册了商标，如图 5-1 所示。

图 5-1 领导力发展 EASE 模型的商标

EASE 模型中的四个因素是促进高潜人才发展的关键因素，它们分别是：评估（evaluation），即对学员进行评估；觉察（awareness），也就是使学员了解自身发展的需求；支持（support），主要指他人对于学员发展的支持，如导师或教练以及管理系统（如系统化的继任管理流程等）和环境；历练（experiences），指学员走出舒适区，在发展型经历中学习和成长。该模型旨在指导组织对人才发展方法进行优化和组合，帮助人才从"野蛮成长"或常规成长状态走向加速成长状态。

评估

评估是指在高潜人才项目中，组织为了提高学员行为的目的性和自觉性，持续地对其能力现状和改变程度进行测评，从而使其行为不断地朝着更有效的方向改变。评估能够使学员更加专注和投入。在高潜人才项目中，组织既可以使用正式评估，如评价中心、360度评估和心理测验等，也可以使用非正式评估，如来自导师、教练、上级和同事的反馈。学员还可以进行自我评估，如撰写反思日志或非正式的事后反思等。

组织应在高潜人才项目中设置评估环节，使学员经常能够有机会对自己的行为进行评估。当然，一个重要的前提是评估要有标准，所以在实施任何培养项目之前，组织都需要建立明确的、行为化的胜任力模型。高潜人才的评估要基于胜任力模型，这可以使学员不断了解其当前水平与目标之间的差距，为下一个发展阶段提供"输入"值。

评估结果包括学员整体的共性情况和学员的个体情况。前者对于确定领导力发展的内容和目标有直接帮助，而后者为实现学员的个性化培养奠定了坚实的基础。

觉察

持续的评估和持续的觉察是密不可分的。高潜人才项目应能够触发学员的自我觉察（self-awareness）。觉察是学员对自身当前的状态、心智模式和行为方式的一种清晰感知。很多人的自我认知并不准确，往往高于实际水平。自我觉察有助于学员发挥其优势，找到自身有待发展之处，唤醒自我改变的愿望，从而采取行动来积极地改变自己。有触动才有行动。

从根本上说，人的改变是行为模式的改变。评估的结果可以为学员提供有深度且丰富的反馈，让他们更加清晰地了解自己的行为模式，思考这些行为背后的原因，认识这些行为和态度对工作有效性的影响，从而产生缩小现实的"我"和角色要求的"我"之间的差距的愿望，并主动采取更有效的实现个人目标的方法。需要注意的是，学员完成觉察过程之后，对他们的行为改变进行跟进非常重要，否则这种觉察就是没有实际意义的。

自我觉察如果能够实现双回路学习（double-loop learning），就属于一种深度学习。当人们通过反馈信息来质疑自我领导方式的有效性时，这就是双回路学习。反之，人们寻求与自我没有实质性冲突的反馈信息时往往是单回路学习（single-loop learning），这种层次的自我觉察比较浅，很难使人们的行为发生质变。

自我觉察有助于高潜人才成为自我管理的学习者。与非自我管理的学习者相比，他们更乐于设定学习目标，选择恰当的学习策略，并主动评估学习效果。

支持

高潜人才在成长过程中会面临很多压力和困惑，特别需要来自外界的支持。支持既可以指他人给予他们的鼓励和指导，也可以指组织的人才发展氛围以及在这种氛围下的有助于持续培养领导者的体系。

延伸阅读

有助于个人领导力发展的最佳组织因素特征

组织因素	特征描述
组织文化	组织成员认识到发展领导力是创新应变的最佳路径之一，并对此形成了良性共识，发展领导力进入了组织信念体系；形成了学习型组织的氛围，把学习和采用新的技能和行为方式所犯的错误视为对发展空间的发现，而不是需要惩戒的对象
组织战略	高管层把促进组织成员的领导力发展视为组织发展的重要战略干预手段之一，并将身体力行地促进组织成员的领导力发展视为他们最重要的工作之一
学习和发展制度	有正式的学习和发展制度，超前地制定和实施领导力发展项目，发现和设计发展型经历，同时找到与这些经历相匹配的人，为他们提供评估和后续支持等服务
绩效考核制度	在绩效考核中纳入发展指标，不只考核那些与盈利有关的绩效指标，兼顾甚至主要考核组织成员保持高效率工作所需的技能和行为

资料来源：摘编自《当代英美组织领导力发展：理论与实践》。

对学员的支持既包括直接上级的支持，也包括讲师、教练和导师的支持。学员在应用课堂所学或由于觉察到个人发展需要改变行为方式时，既需要上级对可能尚未奏效的行为方式给予理解、包容和鼓励，也需要讲师的答疑解惑、教练的点拨和导师的指导。对学员而言，虽然有时支持者的忠言逆耳，但有些言确实利于行。逆耳，说明支持者的言行使学员有所触动，同时也表明了他们对学员的信心，进而能够激发和维持学员的自我效能感，帮助学员积极地改变自我。

历练

历练是指学员在富有挑战性的实际工作情境中经历、体验和学习。领导力的发展主要是通过历练学习（experiential learning）来实现的，占总学习时间的70%；其次是关系学习（relational learning），占总学习时间的20%；最后是正式学习（formal learning），如正式的学习和培训项目，占总学习时间的10%。

领导力的发展最终是在实践中完成的，实践才是高潜人才培养活动的核心，因为经历有助于将知识转化为技能，而且有的能力需要在经历中得到发展，如承压力。因此，高潜人才的发展应与实际工作紧密结合起来，使他们在各种有挑战的、有真实体验的实践活动中成长。

历练要有挑战性，这一点非常重要。心理学上，有研究将人对外部世界的认识分为三个区域：舒适区、学习区和恐惧区。当人们处于舒适区时会表现出习惯性的思维方式和行为方式，在这种状态下，人们会感觉到舒适，而舒适区却是成长中的敌人。历练在人们处于学习区时才最有效，因为只有在处于这个区域时，人们才可能走出熟悉的情境，产生不平衡感，并且开始质疑原有方法和技能的有效性，从而改进理解问题的方式或发展新的能力，并不断建立和巩固大脑中新的神经联结，实现有效的成长。有挑战的经历能够使学员接触到不同的观点，并为他们提供实践新方法的机会，因此我们也称其为发展型经历。

哪些活动是有挑战性的活动呢？例如，之前没有做过的工作、难度大且能够对组织产生重大影响的工作、矛盾和冲突多的人际关系协调工作等。这些活动看似难度大，但如果学员能够从中获得历练，他们的成长速度可能就会非常快，因此组织需要为学员循序渐进地设计或选择一些有挑战性的实践活动。

那么，在设计高潜人才项目时，EASE模型的四个因素是否有先后顺序呢？是不是在一个项目中，必须要先评估，然后让学员去觉察，再配备导师辅导，最后去实践呢？通常一个项目开始前，组织应进行一次正式的基于胜任力的评估，以确定学员的培养目标和差距，使学员对他们的优势和不足有一个确认和了解。在后续的活动中，这四个因素并没有先后顺序，而是融合在一起，贯穿在高潜人才项目的全过程中持续进行。这样做的目的是保证学员始终处在一种有目的、有觉察、有支持地去经历挑战的过程中。例如，一对一的反馈活动往往包含了评估、觉察和支持等多个因素。

质变学习与领导力的垂直发展

什么是质变学习

1978 年，美国著名教育理论家杰克·麦基罗（Jack Mezirow）教授首次提出了质变学习（transformative learning）理论，该理论在 20 世纪 90 年代之后形成了体系。质变学习也被称为转化性学习、变革型学习，它主要关注的是人们看待自身和周围世界的方式所发生的显著的根本性变化。麦基罗的理论涉及成人如何解释他们的经验和为经验创造意义，他将学习定义为一种意义创造活动，也就是说，所谓的质变学习是指人们建构意义的视角发生了质变。

成人已经形成了自己相对稳定的思维习惯、评价标准和行为方式。当环境发生剧变或者当人们经历了巨大的挫折或挑战时，他们对自己、对世界的看法会发生变化，从而导致行为方式、评价标准和行为准则也会发生相应的变化，最后催生个人行为能力的跃迁，这就是质变学习。

那么，质变学习是如何发生的呢？麦基罗认为，当人们遇到逆境和磨难等触发事件（trigger events）时，通常都会感到困惑不安，此时可能会发生有意义的质变学习。质变学习过程包括以下三个环节。

1. 对自己的假设进行批判性反思，即挑战自己原有的假设和信念。

2. 交谈，以验证通过批判性反思所获得的见解，即摒弃偏见、成见和个人利害关系，开放、客观地陈述和评估理由，对观点和主张进行评论，最终形成共识。

3. 付诸行动，即获取知识和技能，尝试新角色，重建或建立新关系，形成能力和自信心，获得发展。

在这个过程中有三个关键的概念：经验、批判性反思和发展。[①]

经验

成人的学习始于经验，但不是所有的经验都能够引起质变学习。只有那些能够引起人们内心不安和困惑的意外事件才更可能引发质变学习。

[①] 摘编自雪伦·B. 梅里安（Sharan B. Merriam）和罗斯玛丽·S. 凯弗瑞拉（Rosemary S. Caffarella）的《成人学习的综合研究与实践指导（第 2 版）》。

批判性反思

批判性反思是对影响我们如何感知经验的潜在信念和假设进行的检验。麦基罗区分了三种类型的反思，即内容反思、过程反思和前提反思。其中，前提反思是对那些久已有之的、与社会建构有关的经验或问题的假设、信念和价值的检验，它最可能引发起质变学习。通过批判性反思，人们能够发现原有假设的局限性，甚至质疑和抛弃原有的假设，建立或采用与时代和环境相适应的新假设。

质变学习从自我觉察开始，而觉察包含着反思，没有觉察的反思只是反刍（rumination）。反刍是指个体会无意识的、重复地回想自己经历某件事情时的情绪感受、原因、后果和故事细节等。当人们进行反刍时，他们会以自我沉浸视角将自己重新置于某种情景中，并以当事人的眼光重现事件发生的过程。有研究人员认为，以自我沉浸视角进行的反刍可能是适应不良的，特别是在回忆负性经历方面。而觉察中的反思（reflection）是个体能够以自我抽离视角、从旁观者的角度观察当时的自己，将过去的自己作为客体来审视，是具有适应性的。

华尔街投资人、桥水公司创始人瑞·达利欧（Ray Dalio）的《原则》（*Principles*）和哈佛大学研究生教育学院罗伯特·凯根（Robert Kegan）等人的《人人文化：锐意发展型组织DDO》中均提到了桥水公司的一种人才发展方法。该公司开发了一个App，鼓励员工对所经历的痛苦进行反思，并从中获得进步。这个App名为痛苦按钮（pain button），员工用它记录和分享痛苦的感受（如气愤、失望、沮丧等），他们尤其会在与他人的互动中激活了自我防御机制时记录和分享他们的感受。App通过一些反思性问题，指导员工创建未来如何应对类似情境的计划，避免再发生此类痛苦。这个App也能够反映发生痛苦的频率、原因，以及使用者是否遵循了既定行动方案，效果是否显著。在桥水公司，从自身的错误中吸取教训是一项工作要求，因为这会促使员工学会应对类似情况。

发展

在质变学习的过程中，有三种思维或意识发生了质变：第一种是能够进行批判性思维的"有意识的我"的发展；第二种是已发生质变的、更加辩证和系统的思维能力；第三种是成为有意识的创造性力量的能力。另外，质变学习的结果导致了个体的发展。视角发生质变能够使人们处理范围更广的经验，并且对其他观点变得更具明辨性和开放性。

综上，关于质变学习，以下三点最值得我们关注：第一，质变学习将经验作为起点和反思的内容；第二，用批判性反思对待经验是质变学习的一个必要条件；第三，整个质变学习的过程都是关于改变的，即提升性、发展性成长的改变。

质变学习能够促进领导力的垂直发展

美国创新领导力中心（Center for Creative Leadership，CCL）认为，领导力的发展有两种类型，一种是水平发展，即知识、技能和胜任行为的增加，个体侧重于掌握更多内容和信息，目的是"知道得更多一点"；另一种是垂直发展，即思维方式的进阶，个体有能力以更复杂、更系统、更具有战略性和共生的方式进行思考，它强调的是思维倾向、身份、心智模式的转换，目的是"转换思考方式"。要真正实现领导力的发展，就应该兼顾水平发展和垂直发展。相对而言，BANI时代更需要领导力的垂直发展，因为只有拥抱新的思维，才可能产生新的行为，获得新的结果。表5-1展示了行为的连续体，恰好说明了思维方式如何引发行为和结果的改变。

表 5-1　　　　　　　　　　　　　行为的连续体

旧的思维	旧的行为	旧的结果
我不得不向员工大喊：做我要你们做的事情	向员工咆哮	员工躲着我，不彻底思考问题，只做我安排的事情，在会议上没有反应；我没有得到我想要的结果，季度工作目标没有达成
新的思维	新的行为	新的结果
明确绩效标准；使用更具参与性的方式；允许其他人发表意见并积极倾听；确定共同的目标；赋能团队，以实现更高的绩效，达成设定的业务目标	召开更具开放性的会议；通过反馈和在计划中融入他人的意见表明我在倾听；沟通，不再咆哮；邀请他人发言；在工作中与他人形成伙伴关系	员工得到了激励，积极沟通，积极参与工作，形成了主人翁意识，主动接近我，帮我出主意，支持我；季度工作目标达成

如何才能实现领导力的水平发展和垂直发展呢？信息性学习能够促进领导力的水平发展，而质变学习则能够促进领导力的垂直发展。我们可以用以下的例子来解释信息性学习和质变学习的区别：信息性学习类似向同一个杯子里注入更多的水，而质变学习类似增加杯子的容量或改变杯子的形状。

在思维方式的进阶中，心智模式升级是领导力垂直发展的催化剂。心智模式升级的过程就是自我视角转变的过程。关于这一点，桥水公司是通过每天都进行行动后的反思来实现的，如提出以下问题：

- 发生的问题反映出你身上存在什么问题？（或你的思维方式存在什么问题？）

- 你能否站在一个更高的位置（比当前具有反应性和防御性的自我更高的位置）俯瞰那个反复陷入混乱的自己？
- 身处更高位置的你（即更深层次的真实自我）如何看待你的行为、事务或成功？

罗伯特·凯根教授基于皮亚杰（Piaget）的儿童智力发展理论，发展出了主体－客体转换理论，进而提出了结构－发展理论，这也是一种研究领导力垂直发展的理论。其弟子珍妮弗·加维·贝格（Jennifer Garvey Berger）将此理论应用于领导力的培养，并撰写了《领导者的意识进化：迈向复杂世界的心智成长》（Changing on the Job: Developing Leaders for a Complex World）一书。在这本书中，她从观点采择取向和权威取向出发，列出了成人的四种心智结构，如表5-2所示[①]。

表5-2　　　　　　　　　　　　成人的四种心智结构

心智结构	观点采择取向	权威取向
以我为尊	只能接受自己的观点，别人的观点是神秘而猜不透的，因此只能用自己看到的信息推断别人的意图	外在的规章制度才是权威的依靠。当两个外部权威彼此不一致时会感到挫败，但不会造成内心的矛盾
规范主导	专门借助外部（如他人）的观点来看世界，或者进行对错和好坏的价值判断	权威主要来自对他人价值观/原则/角色的内化。当认可的权威/角色彼此出现冲突（如当宗教观与合伙人的价值观有所抵触）时，内心会非常挣扎，仿佛自己内在的不同部分在相互角力
自主导向	不仅能够从多角度出发进行思考，而且能够坚持自己的观点。能够了解他人的观点和想法，同时能够经常运用他人的观点和意见来强化自己的论点或原则	权威在自己身上展现。自己决定自己的规则。当他人不同意自己的观点时，虽然这会带来不便或不安，但不会带来内心的角力（个人的内心挣扎往往来自内在不同价值观之间的冲突和不协调）
内观自变	除了可以听到和明白他人的观点，还能利用他人的观点来持续完善自己的思维体系，令自己的观点更宽广和包容。不会像自主导向的人一样利用他人观点来强化自己的观点或原则；相反，会改变每次与人互动的模式，不惧将整个体系暴露于风险中	权威是流动和共享的，而不是固定于某个人或某种位置；相反，权威可以由个人与其处境的互动构成，新的局势会要求转移既有的权威和领导

大部分成人的心智结构能够发展到规范主导及之后的阶段，但也有少数成人

[①] 摘编自珍妮弗·加维·贝格的《领导者的意识进化：迈向复杂世界的心智成长》。

的心智结构会停留在以我为尊的阶段。在规范主导阶段，人们有依赖性，依赖权威，努力与他人保持一致，所想所说在很大程度上取决于自己认为别人想听到什么；在自主导向阶段，人们更倾向于独立思考，自主性增强，由自己的思想体系或内部指南引导，有自己的立场，会选择在多大程度上受他人观点的影响，自我的感觉与自己的信念系统、个人准则和价值观建立起了连接；到了内观自变阶段，人们虽然有自己的思想体系，但可以向后退一步，看到其局限性，人们会变成相互依靠的思考者，看到系统、模式和关联性，想问题比较长远，持有多种观点，也能够包容看似矛盾的观点。随着心智结构的跃迁，人们的意义建构视角从主体逐步向客体转换，人们对自己思考和行动的假设前提会变得更加客观，会更多地反思，并加以控制，如图 5-2 所示。[①]

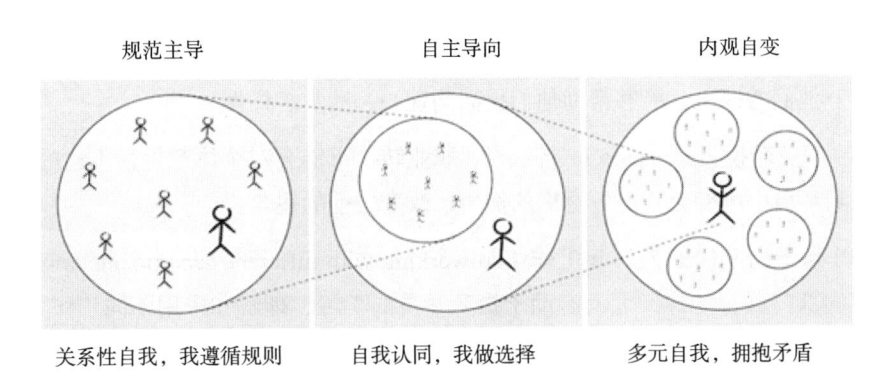

规范主导　　自主导向　　内观自变

关系性自我，我遵循规则　　自我认同，我做选择　　多元自我，拥抱矛盾

图 5-2　心智结构与主 - 客体关系转化

在成人中，58% 的人的心智结构能够发展为规范主导，35% 的人的心智结构能够发展为自主导向，只有 1%~5% 的人的心智结构有可能发展为内观自变。这并不是说心智结构发展为内观自变是最有效的，而是要看具体的领导情境，而且在复杂性较高和多元化的情况下，领导者需要"升级"自己的心智结构。相比之下，高潜人才更具备这种升级的能力和动力。

用 EASE 模型促进质变学习

在设计高潜人才发展方法时，组织可以应用 EASE 模型及其四个要素，促进学员进行质变学习，实现垂直发展（当然，水平发展也是需要的）。

[①] 摘编自罗伯特·凯根的 *In Over Our Heads: The Mental Demands of Modern Life* 一书。

组织如何应用 EASE 模型的四个要素

1. 创造更多历练的机会

前文提到，质变学习的发生是以人们陷入困境的经历为前提的。在高潜人才项目中，组织需要创建强拓展性的经历，产生催化体验（catalytic experience），从而使学员审视关于自我和世界的根本假设，开启质变学习过程。

专注于数字化学习的 Valamis 公司认为，质变学习中的历练包括以下五种类型。

（1）影子计划（job shadowing）。获得高级领导角色承担责任方面的知识和经历。

（2）基于场景的学习（scenario-based learning）。在安全的环境中，由高层领导创建的基于场景的发展机会。

（3）文化适应（cultural adaptation at the workplace）。让高潜人才经历不同的文化可以拓宽他们的视角，能够帮助他们提高同理心，欣赏多样性。

（4）职业转换（a change in career）。职业转换可能会对个体产生根本性的影响。个体在新环境中可能会获得更宽广的经历，改变之前的视角。

（5）与不同部门的人一起工作（co-working with different departments）。和公司内部不同部门联合工作，大大有助于提升学员的学习、理解和采用不同工作方法的能力。

组织既可以将历练机会更多地融入实际工作，实现学员工作和发展相融合（如轮岗），还可以为学员安排短期的发展型任务或者在课堂培训中融入历练机会（如角色扮演、完成情景模拟任务等）。另外，行动学习也是一种历练。

在组织中塑造"为了发展，学员可以接受一定程度的风险"的文化环境将有助于学员充分利用并用好历练机会。

2. 与支持者进行观点碰撞

学员在历练中可能会遇到困惑，并进行批判性反思。反思包括个人反思和在他人支持下的反思，其中，在他人支持下的反思更能够促使质变学习的发生。支持者包括高管、导师、教练、直接上级、讲师、人力资源和朋辈等。当人们与拥有不同世界观、观点、背景的人交谈时，可能会挑战自己现有的心智模式，找到看外部世界的新视角。

为了促进学员进行质变学习，我们为支持者提供以下几点建议。

第一，讲师或相关人员可以先向学员解释心智发展的各个阶段，帮助他们看到更高发展阶段的特点，并对新观点和他们的个人经历进行整合。然后请学员进行自我评价，确定自己目前的心智发展阶段，并根据情境要求决定自己是否需要进阶以及如何进阶。

第二，教练在辅导时可以侧重从垂直视角引导学员成长。

第三，导师可以在学员思考后再介入。

第四，在高潜人才项目中，朋辈教练越来越得到认可。学员在历练中会有共同的经历和感受，他们可以相互支持，在切磋中实现质变学习。

第五，高管可以分享个人实现质变学习的经历。

第六，指导学员使用正念和冥想。

综上所述，强有力的、能够促进学员发展的关系性学习（relational learning）可以很好地促进质变学习的发生。

3. 强化评估，促进觉察

学员在课堂学习、历练和与支持者观点碰撞的过程中会进行自我评估，从而提升自我觉察。在高潜人才项目中，组织还可以设计专门用于学员评估和促进学员自我觉察的活动。例如，组织可以利用测评反馈帮助学员提高自我认知，制订个人发展计划。而实施个人发展计划时也是一种历练，学员又将开始评估和觉察之旅，并获得更加深入且有触动的评估和觉察。

自我觉察越深入，越容易使人们产生从内到外的改变，从而引发真正的质变。这种从内到外的改变往往就是心智模式的转换，也就是一种垂直发展，能够给人们带来行为能力的进阶。这种变化不是在同一个发展阶段上的，而是一种跃迁。

高潜人才的五种发展方法对 EASE 模型四个因素的体现

不同高潜人才发展方法对 EASE 模型的四个要素都有不同的体现。如表 5–3 所示，*越多就表示体现该因素越充分。

表 5–3　　　　　高潜人才的发展方法对 EASE 模型四个因素的体现

高潜人才的发展方法	评价	觉察	支持	历练	贡献计数	贡献排名
课堂培训	*	**	**	*	6	5

续前表

高潜人才的发展方法	评价	觉察	支持	历练	贡献计数	贡献排名
行动学习	***	***	***	****	13	2
导师指导与教练辅导	**	***	*****	**	12	3
发展型任务和轮岗	****	***	**	*****	14	1
测评反馈和个人发展计划	*****	****	*	*	11	4

我们从表 5-3 可以看出，发展型任务和轮岗是最有效的发展方法。由于发展型任务和轮岗对评价、觉察、支持和历练四个要素均有较高的体现，因此贡献最大。其次是行动学习。课堂培训的贡献排在最后，但它提供了信息性学习机会，是后续行动学习的输入，也是必不可少的。另外，对于不同层级的高潜人才，上述五种发展方法的使用在结构上有所差异。例如，对于初级高潜人才而言，课堂培训所占比重高于高层级高潜人才，而后者则相对更侧重于通过发展型任务来培养。

从第 6 章开始，我们将逐一简要地介绍这五种发展方法在高潜人才项目中的应用。

HIPOS

第6章

课堂培训

课堂培训是高潜人才项目最普遍采用的一种学习形式。尽管它不是高潜人才培养最重要的形式,但仍然发挥着不可或缺的作用,是高潜人才项目中必备的组成部分。

赢的组织是教导型组织。

——诺埃尔·M. 蒂奇(Noel M. Tichy)

不可或缺的课堂培训

课堂培训由经验丰富的讲师主讲，学员集体参加，有两种类型：一种是以内容为基础的学习，即围绕一个特定主题来解释概念、模型和策略；另一类是介绍某项技能，并提供实操机会。

对高潜人才项目中的学员而言，在项目开始后的第一次集中学习（主要采用课堂培训形式）中，他们除了学习一些提升当前岗位工作业绩所需的知识、技能和思维方法之外，更重要的是了解未来领导角色所需的知识和技能等，如：

- 领导力（如何领导自我、领导他人）；
- 了解组织的业务和主要的业务流程；
- 战略性思维（如何创建和执行战略规划，以确保组织未来的成功）；
- 创新思维（如何采纳创新观点，并将其转化为创新型的产品、服务和业务方法）；
- 领导者在向客户营销产品和服务时所扮演的角色。

课堂培训的主题以及如何选择培训内容应该根据高潜人才发展需求分析的结果、高潜人才项目的周期长短、每次课堂培训的时间和学员工作的繁忙程度等因素来决定。

课堂培训的主要优势和不足

在实施高潜人才项目时，如果学员层级较低（如管培生），组织就可以适当多使用一些内部讲师；如果学员层级较高，就最好多使用外部讲师。

课堂培训的主要优势主要有以下几点：

1. 学员与讲师以及学员之间可以互动交流；

2. 讲师可以同时向很多人发布标准化的、工作必需的信息；

3. 讲师如果经验丰富，就可以在课堂上解释复杂的概念，并激励学员学习。

课堂培训的主要不足主要有以下几点：

1. 不总是具有互动性，尤其当学员不主动参与时；

2. 成功的培训总是依赖于讲师的经验和可靠性；

3. 如果学员注意力分散或者没有机会实践和应用课堂上学到的概念，就可能使学习转化受限。

为了克服传统课堂培训的不足，组织可以在课堂培训中设计一些学习活动，如小组讨论、角色扮演和案例研究等。

课堂培训最好是在线下进行。如果受地理或其他不利因素影响，学员不方便集中到现场上课，线上课程也是一种选择。但是比起线上培训，线下课堂培训有其优势：

1. 学员能够集中注意力学习相关内容，不受工作打扰；

2. 学员更方便认识组织内的人，建立起个人关系，为今后开展工作提供便利；

3. 有利于跨组织边界的合作。

课堂培训可以采用的学习活动形式

当今社会，人们获取信息非常便利，参加纯粹信息性和理论性课堂培训的兴趣下降了。为了提高课堂培训的效果，使其更加符合成人学习的特点，组织可以在课堂培训中融入一些发展功能更强且有助于强化学习的活动。下面我将主要介绍以下三种学习活动形式：案例研究、情景模拟和翻转课堂。

案例研究

在应用案例研究这种学习活动形式时，讲师可以先讲述一个关于其他人或其他组织的真实案例，请学员以个人或小组为单位对案例进行研究，并针对案例中存在的问题提出一个解决方案，然后再引导学员对问题进行分析和总结。

案例既可以来自组织内部，也可以来自组织外部（如以购买形式获得）。

案例研究适用于各类学员群体，讲师可以基于应用场景设计案例，并融入小组互动。如果讲师能够在充分介绍案例中的相关概念之后再开展案例研究活动，那么学员的学习效果可能就会更好。

案例研究具有以下几点优势：

1. 学员可以在安全的环境中对某些问题进行深入思考，形成自己的观点，为在真实工作中遇到这些问题做好准备；

2. 案例研究后的讨论可能会提出不同的问题解决方法和途径，可以拓宽学员的思路；

3. 可以根据具体学员群体开发情境高度相关的具体案例。

案例研究也有以下几点不足：

1. 学员提出的解决方案可能需要讲师给出有效的反馈，但讲师不一定具备相关的业务专长；

2. 学员可能因缺乏完成案例研究的能力，而不愿意对案例进行仔细思考和分析，也不愿意在更大范围的群体内进行分享。

以下是万达集团在课堂培训中如何使用案例研究的案例，供大家参考。[1]

每个学员进培训班之前都会提前得到通知，需要准备案例。案例可以是学员最近两三个月主导或参与的一个真实项目，但必须特别能够体现出学员自己或所在职位的价值。培训组织方会给学员提供一张表格，学员需要填写的内容有项目的名称、难点及其详细的解决步骤、目前的进展情况、阶段性成果以及为公司创造的价值（以金钱衡量，便于估算投资回报），而且表格需要上级签字，以保证案例和数据的真实性。在学员提交案例之后，培训将进行以下四项活动。

活动一：形成案例库。培训班的班主任会提前打印出所有案例，并粘贴到教室的墙上。在简短的开营仪式后，所有学员在通读所有案例后，投票选出对自己最有启发的案例（自己的案例除外）。这个过程是用集体的智慧选出案例，用集体的评价排出顺序。案例获得的票数越多，其影响力越大。从培训结束后大家撰写的心得中可以看出，很多人都认为这个环节很受用。其实最大的受益人是整个万达集团，因为我们

---

[1] 这部分内容摘编自田效勋与马成功（时任万达学院教学部总经理）的一次谈话。

收集到了很多非常鲜活的案例。这些经验只有一些人学习了还不够，如何才能让公司中更多的、能够接触到类似工作的人学习呢？所以，万达学院开发了案例库平台，员工可以随时通过手机端和电脑端查看，这样，当他们将来在工作中遇到类似问题时，搜索关键词就能看到其他人已经总结出的一些方法了。

活动二：案例可视化。我们同时开设了招商班、运营班和成本班等。在培训过程中，我们要求每个班成立一个小组，每个小组在五天的时间里针对工作中遇到的难题，结合课堂上学到的内容和自己的经验来提出解决方案，并以视频的形式展示出来（学员们需要在白天上课，晚上拍摄视频）。为此，学院还设置了几个模拟的办公区，帮助学员实现场景化拍摄。而且，为了使学员更专心内容部分，学院将拍摄和剪辑的环节外包，学员只负责写脚本。当学员毕业的时候，学院会集中组织播放短片，邀请高管观看并给予反馈。文字和视频案例都将作为成果呈现在平台上，让更多人去学习。这些视频短片既是鲜活的案例，也是万达内部的经验。

活动三：任务树。这个环节往往设置在课程比较靠前的位置。万达学院培训课程的讲师大多是比学员高一到两个层级、有业务背景的高管。在任务树的环节中，将由一位资深高管带领学员梳理他们的工作职责、这一年最核心的工作内容以及工作主要的价值和方向。这些就是任务树的主干和枝干，而要得到的关键成果就是"果实"。讲师可以提前画一棵任务树，先带领学员讨论，并告诉他们主要的方向是什么以及任务树可以分为哪些枝干。学员分为若干小组，每个小组认领一个枝干，并在一定的时间内将二级枝干、三级枝干和"果实"画在一张白纸上。在所有小组画完之后，将这些白纸贴在一起就形成了一棵任务树的雏形。然后分组进行汇报，其他组可以补充，讲师在这个过程中也可以做一些补充。这样，大家边分享、边讨论、边补充，最后形成一棵任务树。此时，讲师可以展示出自己提前画的任务树，由于内容不会相差很多，所以大家一起画的任务树很容易获得认可。在这个过程中，每个各自为战的业务单元都会获得支撑，而获得支撑的过程又是一个达成共识的过程，高管和员工在工作中的目标和方向将非常一致。任务树这项活动也特别适合各部门在年初的时候梳理这一年有哪些核心工作内容。

活动四：能量集市。在进行能量集市这项活动时，每位学员将在一张纸的上半部分用20个字左右描述让自己特别头疼的事（家事也可以），不需要署名，只要把问题清晰表述出来即可。所有学员写完之后将这些纸贴在教室的墙上，并投票（每人五票）选出有共性且大家都认同的问题。然后，每位学员选出至少八个自己能够快速给出干货建议的问题，并在便利贴上写下建议并署名。时间设定在半小时左右，学员们边看、边写、边贴，过程中不需要太多的交流，建议保持安静。结束后，请每位学员找到自己的那张纸，并读出上面便利贴的内容，如果认为哪一张便利贴特别有启发、有价值，就在上面贴一个红点，这样就代表这个建议可能会解决这个问题。凡是建议被采纳的人都会获得积分，并算入小组积分。所以，每位学员都会很努力地贡献自己的智慧。

情景模拟

在课堂培训中，为了达到某种学习目的，讲师可以以游戏或虚构场景的方式来模拟工作情境，模拟可以包括基于技术的模拟或物理模拟，如角色扮演等。

模拟现实的流程或系统可以为学员提供练习以及理解和运用理论概念的机会。在进行情景模拟时，不仅要有真实的事例，而且要有实时的反馈和及时的总结。这样，学员既可以看到结果，又可以掌握相应的概念。

情景模拟的方法有以下几点优势：

1. 有助于学员在相对安全、无风险的环境中学会应用复杂的概念、观察产生的影响，并促使他们将理论应用于实际工作中；
2. 比传统方法更有吸引力，学员将积极参与、做出决策，并采取行动；
3. 可以及时给出反馈。

情景模拟也有以下几点不足：

1. 可能很难找到与不同组织都特别相关的模拟；
2. 可能很难找到与组织学习目标相关联的模拟；
3. 有些学员可能不愿意参与模拟活动。

虽然这种学习形式适合于所有层级的学员，但它更适合那些对技术感兴趣的学员。另外，由于这种形式的风险比较低，因此更适合帮助学员学习较难和影响较大的概念和技能，但组织需要为学员留出反思时间，确保他们从中有更多的收获。

翻转课堂

比起传统课堂，翻转课堂（flipped classroom）使学员独立学习在前，讲师讲课在后。应用这种学习活动形式时，学员可以在课前以在线等方式熟悉教学内容，然后在课堂上进行活动性较强的群体学习。基于学员提前学习到的内容，讲师在课堂上能够聚焦于帮助学员更好地理解和强化这些内容，并引导学员解决实际问题。由于学员在进入课堂之前有所准备，因此他们会更加积极地参与讨论等课堂活动。

课前的独立学习是自主导向的，讲师可以采用激励机制使学员产生动力，如可以为学员在进入课堂之前的学习活动（与朋辈和讲师的线上联络、在线上讨论区分享观点或者为找到解决方案进行头脑风暴等）给予积分等形式的鼓励。讲师可以在学员进入课堂之前对他们进行小测验，以了解他们的课前学习情况，这也是激发学员动力的有效方法之一。如果学员的独立学习效果好，那么讲师在课堂上就可以聚焦于那些需要进一步指导的内容，特别是可以开展致力于提高高阶认知的活动。

翻转课堂能够促进问题的解决，促使学员相互学习，符合成人学习的特点，但是可能不太适合那些工作特别繁忙的学员，因为他们很难进行课前的独立学习。

课堂培训的补充学习方式

线上学习

除了课堂培训之外，组织还可以为高潜人才项目的学员提供线上学习资源，作为课堂培训的有益补充。由智鼎公司开发的学习平台——跃迁赋能中心，通过评学练用的闭环式学习，关注学员行为的真正变化。例如，跃迁赋能中心中适合基层管理者的部分课程如下。

- 管理自我，如自我认知与进化、与压力共处、赢得信任等；
- 管理他人，如成为导师并指导他人、当众表达、绩效评价与面谈、知人善任、绩效辅导、激励他人、向上沟通、打造卓越团队等；
- 管理业务，如问题分析与解决、数字化思维、高效执行等。

线上学习适合那些有独立性、渴望学习的学员，他们可以灵活自主地进行线上课程的学习，可以按照自己的节奏反复学习。组织可以灵活调整线上课程的呈现形式，随时更新或调整课程内容，以适应不同学员的学习风格，丰富他们的学习体验。

这种方式也有不足。有些学员可能会觉得缺乏支持感，注意力容易被分散，不容易进行合作式、互动式学习，从而影响学习效果。

微学习

近些年来，微学习获得了学员的青睐。微学习提供的内容大部分都是关键的知识点，短小且碎片化，并以文章、视频等形式呈现。在快速变革的今天，学员需要这些被快速和及时提供的内容。但是组织需要注意的是，这些内容虽然呈现碎片化，但需要被有机地整合起来，不应失去其整体性。

微学习的不足之处在于，这种模式要求学员具有很强的自律性。另外，微学习不适用于特别有深度的学习主题。

组织可以将微学习与其他学习方式结合起来使用，效果可能会更好，比如以微学习的方式强化通过其他方式学习到的概念和观点。另外，组织还可以将微学习与现实业务事件结合起来，这不仅会使学习更贴近现实情境，而且将使学员更贴近其现实角色，从而提高学员的保留率。

户外拓展

户外拓展一般指户外挑战活动（如穿越戈壁等），它既是一种体验式的培训形式，也是课堂培训的一种有益补充。户外拓展活动有助于提高具身认知（embodied cognition，即生理体验"激活"心理感觉）。在将团队合作、复原力、意志力等方面的能力迁移到实际工作中的程度方面，户外拓展活动的效果优于纯粹的课堂学习。

课堂培训的讲师来源

课堂培训的讲师既可以来自组织内部，也可以来自专业的领导力发展机构，组织应因需而定。内部讲师有两种，一种是职业化、经过认证的内部讲师；另一种是可以分享经验的"过来人"。外部讲师可以从各类商学院和专业机构邀请，也可以邀请商界领导者，后者可能更能够激发学员深入地思考领导力问题。

杰克·韦尔奇提倡公司领导团队成员应作为讲师给学员讲课。在他的著作《赢》（*Winning*）一书中，他提到了这一点。

1995年，我在《财富》杂志上读到一篇文章，讲的是百事可乐的罗杰·恩里克（Roger Enrico）及其团队如何向公司的管理人员教授领导技能。我喜欢这种做法，并决定我们领导团队的每一位成员都要教一堂课。在此之前，我们总部的高层领导和各下属公司的高级管理人员总是零零星星地讲点这种课。百事可乐的模式使课堂上的学员能够更真切地观察和学习公司里做得最成功的榜样人物，也使领导能够更广泛地了解公司情况。现在，我们在克罗顿维尔的授课教师中有大约85%是通用电气的各级领导。

罗杰·恩里克非常重视对新一代领导者的培养，密歇根大学罗斯商学院的诺埃尔·蒂奇在其《领导力引擎》（*The Leadership Engine*）一书的引言中也提到了这一点。

……每批九人，每次五天，每天从早晨一直到深夜——恩里克对每一位参加培训的管理者言传身教，把自己在商界中的经历讲给他们听，并对他们各自的工作方式进行指导。他把自己关于创建、发展和变革一个企业的观点拿出来与他们分享，更重要的是，他努力帮助他们形成自己的观点，成为独立的领导者。

诺埃尔·蒂奇在总结为什么有些公司成功而有些公司失败时得到的答案是：一家公司之所以成功，是因为它们拥有优秀的领导者，这些领导者能够促进各级领导者的发展。成功的组织和领导者的关键能力之一就是创造更多的领导者。诺埃尔·蒂奇率先提出了领导者担任讲师的理念，他总结了成功组织的领导者的四个基本特征：

1. 具有成功经历的领导者对其他领导者的发展负责；
2. 发展其他领导者的领导者具有可传授的观点；
3. 领导者用自己的故事支持他们可传授的观点；
4. 领导者掌握清晰的工作方法以及教练和教学技巧。

组织内部的高层领导通过讲课或者面对面地与学员互动交流，能够更直接地为学员树立可以模仿和学习的角色榜样，他们讲述的内容将更符合组织的现实情境。他们还可以利用这个机会向学员宣传组织的文化、价值观和战略重点。当然，当组织处于转型期时，也需要请外部讲师带来新的理念，对组织固有的思考和行为方式造成冲击。

讲师变身引导师

在传统的课堂培训中，讲师以讲为主，以自己为中心，特别是针对软技能（如沟通、领导力等）的培训。要想提高学习转化率，讲师应变身为引导师，以学员为中心，以促学为主。

引导师的最终目标是使学员在课堂培训后出现新的行为并持续。为达成这个目标，在课堂培训中，引导师需要做到如下五点。

1. 课前明确学员在课后的目标行为。根据培训需求分析，引导师帮助学员设计其在经过培训和一段时间的学以致用后，在实际工作中要达成的目标行为。比如，对于下属的低绩效行为给予客观、及时的反馈。这不同于传统的学习目标的设计，后者往往局限于课堂上的知识性收获。

2. 充分利用学员的经验。学员对于课堂培训的主题都有自己独特的相关经验，请他们在课堂上分享自己的经验，既是一种认可，也是一种总结，还创造了学员之间、师生之间相互学习的机会。

3. 帮助学员在体验后自己得出结论。引导师提供真实的案例，请学员以小组的方式进行讨论或者演练，得出关于如何做的结论，再进行点评、补充和修正。

4. 尽可能提供现场练习的机会。引导师可以请学员在课堂上现场练习新学习的技能，然后进行反馈，也可以请学员相互反馈。学员在课堂上练习过，课后才更有可能真正使用这项新技能。

5. 请学员列出行动计划。在学完相关课程后，引导师请学员静思，想想学到的内容可以在何种情况下使用，并写下实际的行动计划。

课堂培训之后的跟进

在课堂培训结束两周后，可以利用线上方式组织讲师与学员交流和答疑。因为可能出现以下情况：学员可能在课堂培训时对某些问题理解有误，或者学员由于之前没有应用过课堂所教授的新方法和新信息，因此培训时提不出问题，而当他们在工作中试图应用所学时却遇到了不可预料的障碍，陷入了困境。培训结束后的跟进可以帮助学员学以致用，将新方法、新信息变成自己可用的。另外，学员在实践中也需要相互支持，从而强化学习效果。如果学员平时遇到问题，也可以在线向讲师提问，讲师可以定期回答这些问题。

策展式学习

策展式学习（curated learning）是强化课堂培训内容的方法之一，这种方法能够充分利用既有内容，并将这些内容以新的方式进行呈现。这个过程既不是创造新的信息，也不是仓促拼凑既有信息，而是从多个来源找到最好的信息，提炼出最相关的信息，并让合适的学员在合适的时间得到这些信息，从而用有吸引力的实用内容来强化学习。

通常，策展式学习需要通过数字化平台来实现，以提供良好的学员体验。比起传统方法，它创建信息的速度更快，可以为学员提供更多种类的信息。这个过程是敏捷的，能够针对实践情境需要，以快速机动的方式迅速地实现交付。学员可以在学习社区中找到和策划相关内容。

但是，策展式学习需要有人充当策划人或引导师的角色，而传统的学习专家和发展专家通常不具备这些技能。

EASE 模型在课堂培训中的应用

课堂培训是培养高潜人才的最基础的方法之一。如果组织在设计和实施课堂培训时能够更充分体现 EASE 模型的四因素，使培训更具互动性和可实践性，那么就能使课堂培训在承担信息性教学的功能之余，起到促进质变学习实现的作用。如何在课堂培训中应用 EASE 模型如表 6–1 所示。

表 6–1　　　　　　EASE 模型的四因素在课堂培训中的应用

EASE 因素	具体应用
评估	• 讲师提供《学员自我评估表》 • 讲师对学员掌握知识、技能的情况进行测评 • 请学员对照讲师讲述的最佳实践进行自评
觉察	• 学员回看自己在小组研讨过程中的视频 • 讲师对学员回答问题的情况进行反馈 • 讲师对学员在角色扮演中展现出来的盲点进行提示
支持	• 讲师在课堂上鼓励学员独立思考 • 讲师在与学员的互动中启发和点拨学员 • 学员以小组形式进行模拟练习，在复盘阶段相互学习 • 讲师在学员实践所学时进行跟进和指导 • 学员在学习社群里分享学习和实践心得
历练	• 讲师根据学员现状，讲授略超出他们当前认知水平的内容 • 讲师在课堂上安排角色扮演、情景模拟等接近实践的有挑战性的活动 • 学员在实际工作中学以致用，解决难题

自己组织课堂培训还是去参加外部培训

对于组织而言，课堂培训是自己组织还是直接参加外部培训？

各有利弊。

自己组织课堂培训有以下几点好处：

1. 培训内容将更贴近组织的实际情况；
2. 培训方式比较灵活，可以因需设计；
3. 便于实施培训后的行动学习；
4. 易实施培训跟进；
5. 成本低。

但也有以下两点不足：

1. 师资有限（内部师资为主可能不利于开阔学员的视野）；
2. 课堂培训需要场地并由专门的人员负责，有些组织不一定具备这些条件。

如果选择去外部（一般是大学的商学院）参加集中的系统培训，就可以将培训交由外部的专业培训团队负责，他们在培训项目的设计和运营方面有丰富的经验，可以协调多个领域的讲师。但这样做也有弊端，如学员在短时间内集中学习的主题较多，他们可能难于吸收和消化；可能缺少类似行动学习项目和其他强化手段，培训结束，学员的学习也就结束了；无法持续进行团队学习和人脉拓展；组织内部的高管层参与少；受限于大学的师资，不便于安排某些主题；成本较高等。

以下是中国建设银行和香港科技大学合作开办培训班的案例，供大家参考。①

在总行党委的指导下，在建行大学的统一部署下，2019年5月20日至5月23日，建行大学华南学院青年管理人才数字化转型培训在香港科技大学圆满举行。本次培训面向深圳分行35岁以下优秀的青年管理人才，旨在贯彻总分行党委工作要求，加深青年人才对数字化时代理解与认识，提升数字化创新与经营能力，拓宽国际化视野，培养一支在第二发展曲线中敢想、敢干、敢闯的优秀人才队伍。本次培训邀请全球知名专家和教授，采用案例教学、课题研究、实践学习等综合手段。继建行大学与香港科技大学合作办学以来，在"建行创业者港湾－港科大百万

---

① 摘编自建行大学微信公众号。

奖金国际创业大赛"后，再次开启了人才联合培养的新篇章。

知识盛宴

香港科技大学作为世界知名学府，拥有亚洲首屈一指的商学院。本次培训邀请了来自多个国家、拥有世界先进企业经营管理经验的专家，针对数字化转型战略、数字营销、大数据与商业分析、金融科技、技术驱动企业创新、领导力与决策等多个课题进行实战案例教学与深入讲解分析。培训中，学员们认真听讲、积极思考，与专家们开展深入探讨，不断拓宽知识边界，启发具体工作。

课题研究

本次培训除了课堂教学，还引入了分组课题研究模式。全体学员组建了六支"全能战队"，围绕"商业银行数字化未来发展之路"的主题开展研讨，将所学的内容与本行数字化业务发展相结合，每组都从不同角度切入，出谋划策、探讨未来，每天都持续到深夜。激烈的思想碰撞、来自基层与分行的青年管理人才的智慧融合，酿成丰硕的成果，汇聚成未来数字化转型发展原动力。

实践教学

培训期间，学员们还到香港科技大学机器人实验室和校友优秀实践展区进行了现场教学，体验了香港科技大学的创新产品，实地感受了学生们创新创业的激情和氛围。无论在课上还是课间，学员们彼此深入开展互动交流，年轻的思维在港科大热情碰撞。

学员感言

在为期四天的学习交流中，先进的知识理念、激烈的思想碰撞、浓厚的学习环境让学员们收获满满。在践行三大战略、开启第二发展曲线和推进数字化转型的道路上，他们这样说。

第一组学员：全球先进的思想在这里汇集与碰撞，我们有幸通过这个窗口去学习领导力与决策的思维模式，看到金融科技与大数据带给世界的变化，研讨科技驱动企业发展的经验与成果……这里有爆笑的情景演练，有充满爱的小组圆桌会议，有外教的"六级听力测试"……这些都在我们心中种下了一粒种子，终有一天会在建行的沃土中发芽、长大。

第二组学员：四天的学习让我们在思维方式、工作和管理方法等方面都受益匪浅。作为青年管理干部，我们有责任、有义务主动拥抱转型，将数字化思维融入工作和生活，充分利用数字工具和科技手段借力顺势，实现各方面的数字化转型，坚持服务好实体经济，用专业金融能力服务国家社会、惠及百姓民生，为国家分忧，向社会赋能。

第三组学员：非常有幸参与了本次分行青年管理人才数字化转型能力提升培训班，在数字化转型战略、金融科技、技术驱动企业创新等多个前沿领域得到了港科大教授的专业授课，我们将把所学所思带回工作中，在银行数字化转型道路上学以致用，增效创优。

第四组学员：在本次数字化转型培训中，我们受益匪浅，主要有以下几个方面。一是对于金融科技的碎片化知识进行了整合和重建，形成了强结构的知识体系；二是明晰了金融在银行转型中的支撑方向和未来的工作规划；三是树立了危机意识，年轻干部要不断自我加压、自我学习，为建行的美好未来贡献自己的一份力量！

第五组学员：在香港科技大学四天的培训中，建行的雏鹰们聚在一起探讨、烧脑、学习和辩论。来自国内外的老师们带领我们用全球化的创新领导力和思维模式，看到了金融科技、大数据和区块链正如何改变着世界。

第六组学员：我们来自深圳建行的业务和产品一线，从实践到理论，从案例到决策，小组讨论让我们团结协作，互相启发。我们将带着学习到的知识和我们的感悟融入未来工作，践行总行的三大战略，开启第二曲线，为金融驱动社会进步的伟大事业贡献自己的力量！

我们从这个案例可以看出，到大学参加集中培训对学员的认知维度能够产生明显的冲击。这种方式特别适合处于转型期的组织的高潜人才项目。

延伸阅读

课堂培训主题[①]

1. 走近领导力

这个主题或类似主题可以被设定为第一个阶段的学习内容。

[①] 摘编自丹尼尔·托宾（Daniel Tobin）的 Feeding Your Leadership Pipeline: How to Develop the Next Generation of Leaders In Small to Mid-sized Companies 一书。

（1）内容
- 领导者意味着什么。
- 评估个人领导力特质,并对评估结果进行说明。
- 发现领导优势和需要发展的领域。
- 识别使领导脱轨的因素。
- 讨论职业发展路径:管理领导序列和专业职业通道。
- 实现工作和生活的平衡。
- 撰写个人愿景陈述。

（2）行动学习安排
- 安排每位学员撰写个人愿景陈述,并在团队成员内部总结。
- 在课堂培训下一个阶段开始前,请每位学员进行个人愿景陈述。

2. 领导变革和组织革新

领导变革对领导者而言是一种关键技能,课堂培训应该有这个主题。

（1）内容
- 对组织实施SWOT分析。
- 评估和管理组织文化,确定问题领域,并实施变革。
- 围绕文化和变革问题构建一个共享的语汇。
- 为未来构建一个愿景,并能够影响内部和外部的利益相关者。

（2）行动学习安排
- 对一个指定的机构或公司内的小组进行SWOT分析。
- 开发和实施一个指定的变革策略。

3. 非财务高管的财务基础知识

要想领导一家公司,就需要领导者对公司的财务状况了如指掌。这个主题为那些从来没有学过财务课程的学员提供了基础的方法论和技能培训。

（1）内容
- 理解会计和财务的基本原则和基础术语。
- 学会阅读和分析公司的财务报表。
- 学习常见的财务评价和计算方法。

- 理解公司如何挣钱和花钱的动态性。
- 学习做预算的方法。

（2）行动学习安排
- 安排学员或团队分析公司、首要竞争者和行业中类似公司的财务报表，以及对公司进行评价的关键生产率指标。
- 安排学员在收购尽职调查组中担任某项工作。

4. 理解和解决复杂的业务问题

（1）内容
- 用系统思维分析复杂的业务流程。
- 阐明问题。
- 定义结构性还是行为性问题。
- 诊断复杂业务问题的原因。
- 通过系统思考解决复杂问题。
- 产生和评估多个问题的解决方案。

（2）行动学习安排
- 安排学员组对一个长期存在的问题进行分析，并提出方案和验证方案。
- 要求每一位学员在日常工作中应用这些新方法来解决问题，并汇报结果。

HIPOS

第7章

行动学习

行动学习是一个过程和工具，能够帮助个体和小组在解决问题和实施行动方案中实现学习。目前，越来越多的组织在高潜人才项目中采用行动学习的方法，因为这种方法不仅能够有效地培养人才，而且适于某些高潜人才项目的特殊目的，如发现人才。

不学习就没有改变，不行动就没有洞察。

——库尔特·勒温（Kurt Lewin）

行动学习及其发展

行动学习简介

维基百科对行动学习（action learning）的定义是：行动学习是解决实际问题的方法，涉及采取行动和结果反思，学习产生的结果可以帮助改进问题解决流程，提升团队设计解决方案的能力。

英国管理大师雷格·瑞文斯（Reg Revans）是"行动学习之父"。早在20世纪40年代，他就开始实施了行动学习，但到了1971年，他才首次正式地提出了行动学习的理论模型。瑞文斯并没有给出行动学习的定义，只是描述了什么不是行动学习（如案例研究或特别任务小组）。瑞文斯行动学习的理论公式模型是：

$$L = P + Q$$

其中，L指学习（learning）；P指程序化知识（programmed knowledge），即已经掌握的知识；Q指富有洞察力的提问（questioning insight），即通过对自身经历进行质询或提问来获得洞察，这是行动学习的根本。程序化知识是课堂培训的重点，但只有通过富有洞察力的提问，程序性知识才能够得到充分应用。

心理学家、决策管理大师、诺贝尔经济学奖获得者、人工智能之父赫伯特·西蒙（Herbert Simon）于1973年撰写了《劣构问题的结构》（*The Structure of Ill Structured Problems*）一文。他认为，和良构问题相比，劣构问题对初始、目标和中间状态的界定都是不完全的。所谓"良构问题"就是那些对现状、目标和过程的界定相对清晰的问题。行动学习适合解决劣构问题，也就是那些由于信息不充分或相关变量多而相互影响，导致对问题现状、目标和解决问题过程都很难清晰界定的问题。

Cho 和 Bong 于 2013 进行的研究和实践发现，行动学习的五个核心要素（团队、问题、胜任力、提问/反思/反馈、教练）的完美结合将促进学员学习，带来高质量的解决方案。关于这五个核心要素，我们应注意以下几点。

1. 行动学习是基于团队进行的。

2. 行动学习应围绕问题解决来开展，使学习效果最大化。行动学习的课题对组织有价值，但很难解决。对成人而言，他们在解决现实问题时学得最多。

3. 在行动学习中，学员能够提升胜任力。

4. 行动学习鼓励在问题解决过程中，通过提问、反思和反馈产生质变学习和有效解决方案。

5. 行动学习教练能够提供帮助。

高潜人才项目中的行动学习是请学员应用课堂所学来实施或参与一个与其实际工作有关的项目（通常不是学员当前角色范围中的项目），以鼓励他们勇于解决真实工作场景中遇到的挑战，产生真实的业务价值，从而帮助他们将课堂所学转换为他们自己的知识。由于解决的可能是对组织有影响的真实问题，因此学员可能动力十足，并产生不少创意。理想情况下，行动学习会紧跟在课堂培训环节后进行，因为培训可以为行动学习提供信息输入和项目选择。

行动学习主要通过场域营造和结构化研讨来促使学员制订出现实的行动计划。这个过程往往需要教练的参与，他们扮演的是营造场域和流程引导角色。

行动学习提出的 20 个假设

雷格·瑞文斯在其《行动学习的本质》（*ABC of Action Learning*）一书中介绍了行动学习提出的 20 个假设，它们分别是：

1. 学习是寓于工作之中的；

2. 正规教育是不够的；

3. 难题的解决需要洞察性提问；

4. 没有行动就没有学习；

5. 学习是自愿的；

6. 紧迫难题和诱人机会激发学习；

7. 建立行动的反馈系统；

8. 行动学习不是纸上谈兵；

9. 对经验的反思是最好的学习；

10. 与同伴的交流可以促进学习；

11. 小组是重中之重；

12. 内容专家的介入须慎重；

13. 行动学习重在培养提问洞察力；

14. 相互交流可以产生学习；

15. 小心，不要过度依赖行动学习催化师；

16. 行动效果可以衡量学习成果；

17. 问题要鲜活；

18. 科学研究的方法可以让行动学习有章可循；

19. 行动学习将带来影响的乘数效应；

20. 行动学习可以推动业务、领导力和组织的发展。

其中，假设9、10和13是最关键的促进学员学习的假设。尤其是，富有洞察力的提问能够让团队在制定解决方案之前首先理清问题的本质。很多组织的领导者往往在定义问题方面缺乏耐心，很容易忽略这个环节。好的提问，往往孕育着创造性的解决方案。

行动学习的发展

提起行动学习，不能不提到诺埃尔·蒂奇。1985年至1987年，他来到通用电气位于克罗顿维尔的领导力发展中心，全职担任领导者培养项目的负责人，将所有培养项目都转变为行动学习（之前以案例学习为主）。

我和他有一面之缘，图7-1是我于2017年8月29日在北京聆听他的讲座之后与他交换各自著作的照片。

图 7–1　我与诺埃尔·蒂奇互赠各自的著作

杰克·韦尔奇在其《赢》一书中对通用电气如何应用行动学习进行了简要介绍。[1]

在更高级的业务管理课程和高级经理培训课程中，蒂奇的行动学习理念是贯穿始终的核心教学方式，要求学员对真实的企业管理问题进行探讨和学习。

....

这些课程对行动学习都极为重视，它们把学员转变成了高层领导的内部顾问。在世界上每一个发达国家和发展中国家，学员们都在认真地考察我们的发展机遇以及其他公司的成功经验。他们会仔细评估我们各项计划的实施进度和效果究竟如何。每一次课程之后，他们都有一些意见被采纳，并被落实到公司下一步的行动中。这些学员都是我们真正关注的那些最优秀的内部员工，他们不仅给我们提供了极好的咨询成果，而且也帮助我们与其他各个企业建立起了可以持续一生的友谊。

我们在第 6 章中提到的罗杰·恩里克也是行动学习理念的积极倡导者。诺埃尔·蒂奇在其《领导力引擎》一书中是这样描述的：

作为一种学习方式，他要求每位学员都要承担一个"发展企业"的项目，一个能给公司带来显著经济效益的项目。他会帮助他们制定一个拓展梦想的目标，并就实施方案对他们进行指导，然后让他们着手去推

---

[1] 摘编自杰克·韦尔奇的《赢》。

动这个项目。几个月后，这些学员会回到恩里克身边，进行一次为期三天的研讨会，对他们的进展情况进行总结。……最终，百事公司拥有了近100位得到了更好锻炼的领导者，他们不仅为百事公司实施了一些很好的发展项目，而且也像恩里克那样，开始培养其他领导者。

从20世纪90年代开始，国外越来越多的先进企业开始接受并运用行动学习法。在我国，1998年，当时的中央组织部培训中心将行动学习法引入了公务员培训领域，并进行了积极的研究和探索。2003年，华润集团开始推行行动学习法，充分利用内部员工的智慧来解决企业面临的难题。后来，中粮集团也开始推行行动学习法。此后，我国很多的领先企业都开始应用行动学习法。以下简要介绍了中粮集团当时引入行动学习法的背景情况和具体做法。[①]

2005年以前，中粮集团从根本上说还是一家以贸易为主导业务的企业，特点是机会导向，对业务的战略思考不足。宁高宁担任董事长后开始推动战略转型，目的是使中粮真正成为一家市场化的公司。经过对企业现状的深入分析，公司高管层认为，推动企业的战略转型不仅需要调整企业的业务架构和人员，更重要的是转变管理者和员工的思维方式，提升管理者的领导力，改善企业原有的文化环境。高管层意识到，需要找到一个切入点，从而有效地启动和全面推进战略转型。在此基础上，该公司引入了行动学习法。

……

"行动学习法"在中粮学习型党组织建设中的应用情况如下。

（一）借助"行动学习法"的实践性，大力弘扬理论联系实际的马克思主义学风，不断提高各级党组织引领企业科学发展的实际能力。

"行动学习法"最突出的特征就是实践性（"行动性"），强调学习是一个实践和理论紧密结合、螺旋式上升的过程。借助"行动学习法"的实践性，有助于更准确地把握理论之"学"与实践之"习"两者的辩证关系，更深刻地领悟学习二字的深刻本质和丰富内涵，更自觉地继承和发扬理论联系实际的马克思主义学风，在企业内部创造一个学习与工作相互转化、学习与工作两位一体的良好环境。

[①] 部分内容摘编自国务院国有资产管理监督管理委员会网站于2016年7月16日刊载的《中粮："行动学习法"在中粮学习型党组织建设中的应用探析》一文。

中粮在学习型党组织建设中，集团党组一方面通过强化中心组学习、书记讲党课、举办"福临门"高层论坛等多种形式，扎实推动各级党组织和广大党员干部、党员强化政治理论学习，不断提高实践科学发展观的自觉性；另一方面，通过组织系列的专题研讨会、培训班，引导党员干部和基层党组织带着战略和运营中遇到的实际问题和难题去进一步思考和学习，推动学习成果的有效转化。"行动学习法"为一个具体问题给出的往往不是单一的解决方案，而是多种方案的组合。虽是以某一个具体问题为对象，但注重由此及彼、举一反三，更注重提高分析问题、解决问题的能力。中粮在培养后备干部的"晨光班"上较好地应用了这一理念。学员们带着"全产业链"建设中遇到的研发创新、品牌再造、渠道整合、供应链管理等重要课题，一边学习理论，一边深入市场一线实地调研，群策群力找答案。学员们提交的答案被公司有关部门审定后，立即在日常经营管理中付诸实施，把学习从课堂"无缝"延伸到工作岗位。

（二）借助"行动学习法"的团队性，切实加强组织化学习，充分发挥各级党组织在学习型党组织建设中的主导作用。

"行动学习法"本质上是一种"团队学习"，强调以团队为单位开展"组织化"学习。催化师（召集人）则是整个学习过程重要的发起者、组织者和引导者。"行动学习法"为此建立了一套研讨模式和相关工具，努力营造团队学习的氛围，确保以团队智慧找到问题的最佳解决方案。

相比于"个体化"学习，"组织化"学习的优势一是便于搭建团队成员之间进行经验分享、信息共享和知识互动的有效平台，产生一种"聚合-裂变"效应；二是团队成员互相带动、互相监督，可以在整个团队或组织中形成一种良性的比学、竞学氛围；三是有利于培养团队协作与分享的文化，增强成员对团队的归属感，保持和激发组织的生命力，推动企业组织的自我更新和自我再造。"行动学习法"强调团队成员人人平等、积极参与，强调信息的分享和思想的互动、碰撞。借助"行动学习法"的团队性，中粮在推动学习型党组织建设工作中，积极扮演好"催化师"角色，充分发挥主导作用。中粮的学习型党组织建设工作中，各级党组织都是责无旁贷的设计者、组织者、推动者，通过一系列制度建设和组织保障实现"组织化"的学习。

（三）借助"行动学习法"的系统性，创新学习方法、改善学习效果，有效调动广大党员参与学习型党组织建设的积极性和主动性。

"行动学习法"的另一个特征是系统性，不把学习看作单一的行动，而是看作解决问题、提升能力、改善管理、发展组织的集合性行动，强调学习是一个"发现问题、团队行动、分享经验、信息互动、团队决策"的系统工程，有效调动广大党员参与学习型党组织建设的积极性和主动性。

"行动学习法"有一套"分析–评估–计划–行动–再反馈–再评价"的程序化机制，从界定问题性质、分析查找原因、寻求最佳方案，到制订行动计划、组织实施计划、反馈与评估行动效果，对每一个环节都做了具体规范。中粮基于"行动学习法"的整体性理念，制定了"结构化团队研讨模式"，把研讨和学习过程分成"导入理念和分析工具""团队研讨""引导催化""总结关闭"四个环节进行规范。中粮在企业内部大力推广"行动学习法"的研讨工具，包括"团队列名法""六项思考帽""结构树"等，并在团队研讨时设立"催化师""纠偏员""计时员"等明确的角色，保证人人参与、充分互动，真正发挥整个团队的智慧。中粮各级党组织把学习的所有环节进行整体规划、系统整合，放大学习的整体效果，推动学习型党组织建设工作从"抓活动"向"促常态"转变。

…………

2016年1月5日，宁高宁先生离开中粮。我于2016年1月6日参观了忠良书院，拍下了挂在墙上的照片（如图7–2所示）。照片上显示了宁高宁先生在与大家研讨时因腰疼蹲不下去，就跪在地上在白板上书写的情景，可见他对于培训的重视。

图7–2　宁高宁在中粮集团的培训课上

行动学习体现了中国传统的"知行合一"理念。中国古代思想家早就强调"行"对促进"知"和检验"知"的重要性。荀子说："知之而不行，虽敦必困。"这句话的大意是：懂得许多道理却不付诸实践，虽然知识很丰厚，也必将遇到困厄。明代著名文学家、思想家、哲学家王廷相也强调"知行兼举"，称其为"履事""习事""练事""实历"。他在《与薛君采书》中写道："讲得一事，即行一事，行得一事，即知一事，所谓真知矣。徒讲而不行，则遇事终有眩惑。"

高潜人才项目中采用行动学习的益处

目前，越来越多的组织在高潜人才项目中采用行动学习的方法，因为这种方法不仅能够有效地培养人才，而且适于某些高潜人才项目的特殊目的，如发现人才。行动学习鼓励质疑、反思和反馈，有助于产生质变学习。学员会提出一些问题，如"做什么""如何提高团队合作效率""如何更好地解决问题""如何在这个过程中实现学习最大化"，并进行反思，同时还可以得到同伴和外部的反馈，从而确保学习质量。

高潜人才项目采用行动学习的方法主要有以下一些好处。

1. 强化学习，提高学习保留率

高潜人才都是成人学习者，需要有应用所学的机会，而行动学习提供了这样的机会。学员在课堂培训后真正应用所学是一种主动学习的方式，学到的东西的保留率可达 75% 以上；而如果只是听一听、看一看，保留率可能不会超过 50%。大家可以回想一下，你在读大学时学的东西现在能记住多少？少数能记住的往往可能是当时动手试验过或者实习时应用过的内容。我记忆最深刻的是关于短时记忆的 7 加减 2 法则，这可能是因为当时我跟随心理测量学老师去小学做过智力测验有关。测验的一类题目是让孩子们将主试随机说出的数字倒着复述出来，很少有孩子能够准确复述出超过 9 个数字，也很少有孩子的复述少于 5 个数字。另外，我还对皮亚杰的儿童守恒定律（即小于六或七岁的儿童还没有形成物体长度守恒的概念）的印象非常深刻，因为我某次假期回家拿我的侄子做实验。我将两只一样长的筷子对齐后给他看，并问他哪根筷子长，他说一样长；而当我错开位置给他看，并问他哪根长时，他说离他近的长。这是因为他还没有形成物体长度守恒的概念。

2. 通过行动学习对学员进行评价

组织可以通过行动学习对学员的努力程度、规划能力、意志力、团队工作能力、领导意识和技能进行评价，以培养未来的领导者。有些行动学习项目并没有取得预想的结果,这不一定说明学员的表现不行,此时应该深入分析原因,了解学员是否从失败中学到了东西。

对学员进行评价时应重点关注以下几点。

(1)谁站出来领导这个团队?(行动学习相对是一个弱情境,"站出来"的学员表明他有领导意愿,勇于担责。)

(2)每个人在团队中的工作表现如何?(学员在团队中的个人贡献。)

(3)谁扩大了行动学习的范围,协调高潜人才项目之外的人来参与完成了该项目?

(4)学员在完成任务的同时进行反思和总结了吗?

(5)谁看到了他们取得的成果的长远意义,并带领他们超越项目本身,制定了长期的实施规划?(做到这一点是难能可贵的。)

3. 创造协同机会

在行动学习之前,学员在实际工作中可能缺少直接沟通,而且往往这种沟通需要通过其上级进行;而现在,通过行动学习,他们可能跨越了层级,锻炼了人际交往能力,并为未来工作中的协同打下了人脉基础。

4. 拓宽学员的视野

高潜人才因其在所在职能/业务领域表现较好、综合素质高而入选了高潜人才项目。在行动学习中,他们可以与来自其他职能/业务领域的学员深入互动、换位思考,感受多元化思维,拓宽看问题的视野,并且更加理解其他职能/业务部门在组织中创造的价值。

5. 解决现实难题

行动学习常常会选择组织中存在的一些重要但不一定紧急的难题作为主题。主题可以请高层选择,也可以由学员自行选择。小组共同解决现实难题有助于提高学员个人创造性解决问题的能力和团队领导技能。高潜人才项目中的领导力发展需要在发展学员个人能力和为企业发展做出贡献之间取得平衡。行动学习就是一个能够很好地平衡这两方面需求的方法。

6. 为学员提供展现自我才能的机会

例如,花旗银行人才培养的核心理念是3E,即历练(experience)、展示的机会(exposure)和教育培训(education)。历练是指通过提供在职学习的机会,帮助员工积累工作经验和提升能力，如参与跨部门合作的项目、轮岗等；展示机会是指组织不同形式的活动，为员工提供展示、拓宽视野和向他人学习的机会，如主题研讨、与高层会面、工作汇报等；教育培训是指针对企业战略和员工发展需求，通过课堂培训和在线学习等形式，提高学员的专业知识和个人技能。这里的"行动学习"既是在企业员工和管理者面前展示的机会，也是向其他人学习的机会。

行动学习项目的实施

在实践中，行动学习项目分别两种，一种是团队项目，另一种是个人项目。团队项目是团队整体围绕一个单一的项目开展工作，项目由组织来决定，团队提出建议方案/实施，学习教练既可以是非固定的，也可以是固定的。个人项目是团队围绕个人的项目来开展工作，项目由学员来选定，学员自己组合，项目发起人个人承诺实施并真正执行，学习教练往往是非固定的。

实施行动学习项目有以下五个关键步骤。

1. 选择行动学习主题

行动学习项目最好与之前集中学习的课程有一定联系，其主题可以涉及公司面临哪些挑战、长期未解决却对组织有益的难题等。行动学习项目团队可以多收集一些行动学习主题，供学员选择。还可以请之前课程的讲师提出建议，他们可能对选题有一些经验。

最好在确定主题标准的前提下由学员自行选择。主题标准可以参照以下四个维度确定：劣构性（初始、中间和目标都不明确，但确实需要解决的现实问题）；优先级（在组织中反复出现、需要用新思维方式予以解决，并且时间紧急的问题，也就是那些"重大而紧迫"的问题）；可控性（学员可以通过协调、调动资源来解决的问题）；针对性（可以提升学员的领导力的问题，这些问题和学习目标关联度高）。

我们之所以推荐由学员自己选择行动学习的主题，一方面是因为学员可以通过头脑风暴的方式选择主题，并且将这种讨论方式带回本职工作；另一方面是因为，学员自己选择主题可以增强"拥有感"。当然，也可以由行动学习项目小组为学员安排主题。

由于行动学习的目的是为学员提供学习机会，因此行动学习最好不要安排那些对公司战略发展有重大影响的主题，这种主题应由能力相对成熟的人承担。但在高潜人才项目中，组织可以安排学员以学习者的身份参与这类主题的完成，以获得经验。虽然学员未必对需要解决的挑战性问题很熟悉或专业，但雷格·瑞文斯认为，不是专家的人通常能够提出有突破性、非传统的解决方案。

2. 界定行动学习项目

行动学习项目小组首先应确定行动学习项目的目标，为此，他们需要分析以下内容：学员最需要学习什么？什么样的经历可以帮助学员学习到这些东西？项目将达成什么学习目标？如何设计行动学习项目，使学习与完成任务平衡，或偏重于学习？项目的目标不宜过于分散。例如，如果项目面对的是高层次的高潜人才，目标就可以确定为培养战略思维、提高业务问题解决能力等；如果项目面对的是初级高潜人才，目标就可以确定为提升他们的规划能力和合作能力等。

对于那些目前还不是管理者的高潜学员或基层领导者而言，行动学习项目的目标不要过于复杂，主要应让学员亲身经历在一个团队中，想法是如何产生的、决策是如何制定的、争议是如何解决的，以及大家是如何相互影响的。

然后，项目小组应对行动学习项目进行完整描述。描述应主要包括以下内容。

（1）项目名称。可以为如管培生等初级高潜人才选择社会责任类的项目，为高层次的高潜人才选择需要跨部门合作才能完成的项目。

（2）项目目标。项目目标不应只是做好汇报展示，以及为同事和高管层留下好印象，而应聚焦于提出有说服力且务实的解决方案。

（3）项目完成日期。其中需要考虑课堂培训的时间。

（4）行动计划。计划应有始有终，包括跟进实施、获得结果和评价等。如果只是制订了计划，没有实际行动，行动学习的效果就一定会大打折扣。

（5）团队组成。参考项目需要和成员结构（成员最好有不同经验和背景）组成不同的学员团队，一般六人为宜。

（6）支持人。行动学习需要获得高层支持和参与，而且最好尽早请其他支持人加入，包括外部的行动学习教练、导师（内容专家）、项目发起人和相关管理者等。项目发起人在行动学习中扮演着重要角色，如项目选择、学员选择、结果澄清、与高层沟通、学员激励、资源提供、实施行动方案和后续跟进等。

关于支持人，有以下几点需要注意。第一，支持人不应介入项目小组的运作以及学习方向设定等工作。第二，应谨慎决定是否让内容专家介入。第三，学员可能是初次接触行动学习，他们可能不熟悉问题解决、提问、反思和反馈等流程，所以教练很重要。教练可以帮助小组成员学会如何倾听、如何重构问题、如何相互反馈、如何制订计划和开展工作、如何找到行为背后的心智模式等。而且，他们还可以负责监控小组成员的学习质量。他们可能用到有效沟通、集体决策、问题解决和冲突管理等工具和技术。在实践中应限制教练对于学习小组解决问题过程的干预，他们扮演的应该是流程催化者的角色。

3. 组织行动学习研讨

研讨之前将由学习教练介绍研讨流程和参与者的角色，并侧重介绍和说明以下的基本规则。

- 保密：对于问题拥有者提出的问题和提供的信息进行严格保密。
- 遵循流程：该听的时候倾听（而不是打断），该提问时提问（而不是给出建议）。
- 学习和行动承诺：发自内心地从过程中学习，并学以致用。
- 支持性沟通：提问和分享时应尊重问题拥有者，不急于评判。

然后，研讨可以按照以下六个步骤进行（这六个步骤更适用于个人项目）。

（1）问题拥有者向小组呈现其问题。

（2）小组成员围绕上述呈现内容进一步明确问题。

（3）问题拥有者确认真正的问题和目标是什么。

（4）小组成员围绕解决上述问题、达成上述目标进行启发式提问或分享相关经历。

（5）帮助问题拥有者做出方案选择，并拟订行动计划。

（6）学习教练引导小组成员进行反思学习，如学到了什么以及今后在实践中如何应用所学。

在上述过程中，学习教练起到非常重要的作用。

4. 行动学习项目汇报

行动学习项目结束后，学员需要向高管评委（一般有五位评委）汇报结果。每个行动学习项目的评委都可以由不同的高管担任。高管听取项目汇报，既可以表明他们重视行动学习项目，也可以借此机会对学员担任未来某个角色的能力形成一个初步印象。

项目汇报之前，行动学习项目团队应撰写书面的项目报告，内容应包括项目名称、项目目标、项目时长、行动计划、项目发起人、项目教练或导师（内容专家）、团队领导和成员、项目成果、过程中的挑战和对策、后续跟进计划等。通常情况下将由一位团队成员作为代表进行汇报，但其他成员最好都能够参与进来。汇报时间控制在10分钟左右。然后，评委用几分钟进行提问或点评。

除了留存书面的项目报告之外，行动学习项目团队需要安排专人记录汇报的互动过程，具体到每一位学员在汇报过程中的行为。

项目汇报结束后，行动学习项目的发起人或高管层将决定是否实施解决方案。

5. 复盘

行动学习项目结束后，学员应对项目进行复盘。通过这个过程，学员能够进行反思和对话（团队成员之间对话以及与教练等对话）而获益。复盘时，学员需要思考以下问题。

（1）我在这个项目中的表现如何？我如何使这个项目更成功？

（2）阻碍我取得更理想的结果的因素是什么？我将如何更好地克服所遇到的障碍？

（3）如果重新参与这个项目，我会有什么不同的做法？

（4）我从这次经历中学到了什么？我应如何在目前的工作和未来的目标角色中应用所学？

复盘的时间不能太短，应留出充分的时间。这个过程不仅仅是让学员个人反思，更重要的是让小组成员、学员、教练等进行集体反思，这将有更大的收获。最后，可以请所有人记录下复盘的收获，并进行总结。学员个人可以将复盘的收获写进个人学习日志。

行动学习的实例[①]

在中化集团的培训体系中，战略蓝军班是高潜人才培训项目之一。蓝军是在军队模拟对抗演习中专门扮演假想敌的队伍，它可以模仿世界上任何一支军队的作战特征与红军（代表正面部队）进行针对性的训练。中化的蓝军项目于2016年开展试点，2017年开始模块化实施。该项目实际上是一种实战式人才培养方式，简言之就是让一群没有行业背景、没有做过规划的人去制定公司战略。

在选拔环节，将通过三级遴选，用四重标准选出40位平均年龄为33岁的蓝军

---

① 摘编自中国人才发展社群网站。

队员，然后进行的五次系统集训和两次行动学习将帮助他们筑牢对抗基础。在集训结束后，他们还将有两个月的脱产研究期，将以出其不意的独特视角来制定各事业部的战略规划，最终通过三次的 PK 正面交锋，与红军共同推进集团的战略迭代。

蓝军到底提出了哪些观点，从而推进了战略的迭代与创新呢？蓝军的观点并不是隔靴搔痒。例如，能源蓝军直指事业部定位，将来是否将成为一个小中石化？农业蓝军经过多方调研，提出现有技术服务模式推广的前提不是土地适度规模化，而是农民收益的上升等。这些都是非常尖锐的关乎战略方向的问题。经过几轮辩论，红军采纳了蓝军的观点，并且后续付出了一系列行动，真正对战略起到了方向性作用。

战略蓝军班项目是一个学习-对抗-实践的行动学习闭环，在时间上契合集团的战略管理周期（战略规划中期评估、战略执行两个闭环），有效地保证了人才培养和战略规划相结合。

EASE 模型在行动学习中的应用

相比课堂培训，行动学习更能体现 EASE 模型的四因素，尤其是"历练"因素，具体如表 7–2 所示。

表 7–2　　　　　　　　EASE 模型的四因素在行动学习中的应用

EASE 因素	具体应用
评价	• 学员对照行动学习教练所介绍的分析问题和解决问题的流程，对自己平时的行为进行评价 • 学员对照行动学习中其他学员的思维和行为方式对自己进行评价 • 学员对照高管评委的提问和点评，对自己的视角进行评价 • 如果行动学习得到落实，学员将对照实际结果对自己和团队的行为进行评价
觉察	• 学员在行动学习进行中反思 • 学员在行动学习后进行复盘，小组集体进行批判性反思 • 行动学习教练会帮助学员认识到需要质疑自己原有的假设和信念
支持	• 行动学习教练会向学员介绍流程，提供相关工具 • 高水平的行动学习教练善于创造一种开放讨论、创意迸发的场域 • 位居高层的行动学习项目发起人会提供资源、信任和鼓励
历练	• 行动学习本身就是借由解决难题获得学习，是有一定挑战性的 • 行动学习要解决的难题可能不在学员当前实际工作角色范围之内，他们没有相关经验 • 行动学习成果汇报时，学员面对高管评委的提问是一种挑战 • 如果落实行动学习方案，就将遇到更多的现实挑战

HIPOS

第8章

发展型经历

发展型经历包括发展型任务和轮岗，对领导力的塑造将起到关键作用。对学员而言，发展型经历将有助于他们将课堂所学应用于实践，并转变为个人解决实际问题的智慧，促进他们的认知技能和策略性领导技能的提升，以推动组织的变革或发展。对组织而言，观察学员在发展型经历中的表现有助于挑选出合适的继任者，降低用人的决策风险。

人生是领导者的实验室。

——詹姆斯·库泽斯（James Kouzes）
和理查德·波斯纳（Richard Posner）

发展型经历

发展型经历的作用

发展型经历（developmental experiences），即领导力发展EASE模型中的"历练"因素，包括发展型任务和轮岗。在高潜人才项目中，组织将对学员进行有针对性的历练，帮助他们提升未来领导角色所需的技能和知识水平。很多领导者的切身感受是，发展型经历对领导力的塑造起关键作用，因为大部分领导品质都是在实际工作中形成并发展的。发展型经历有助于将课堂所学应用于实践，并将它们转变为个人解决实际问题的智慧。

发展型经历之所以有"发展"人的作用，是因为其具有挑战性。在完成有挑战的任务时，学员可能将置身于动态情境中，他们的现有策略和常规手段不再奏效，需要新的工作方法来应对变化，这将激发学员掌握新技能，从而应对挑战。尽管面对挑战性任务需要承受压力，但好的结果会带来积极的情绪。如果成功应对挑战，可能就会唤起学员的成就感。

对高潜人才项目的学员而言，有挑战性的发展型经历有以下几点好处。第一，它能促使学员对遇到的复杂情境进行批判性思考，找到问题的潜在因果关系，并对新的、模糊的信息进行加工，从而促进学员认知技能和策略性领导技能的提升。第二，它可以促使学员尝试使用新方法去影响其他人或流程，最终提升他们的人际领导技能。第三，它可以促使学员推动组织变革进程，找到关键驱动因素和变革障碍，并考虑组织资源分配,从而提升他们的业务技能和战略领导力。

对组织而言,可以通过观察学员在发展型经历中的表现,看看在"熔炉"中谁被"耗尽"、谁被"点燃",从而挑选出适合的继任者,降低用人的决策风险。

工作挑战的维度

工作任务的挑战程度取决于与角色、责任和任务情境相关联的工作特征。欧洛特(Ohlott)于2004年概括了工作挑战的五个维度,如表8-1所示。

表 8-1　　　　　　　　　　　　工作挑战的维度

工作挑战的特征	描述	例子
不熟悉的职责	必须应对新的职责	经历工作角色和职位的重大变化
推动改变	推动业务运作方式的变革或员工行为的变化,或解决遗留问题	新品上市或并购;下属业绩问题;处理久未解决的士气问题
重大职责	负责对组织非常重要的计划和行动,并涉及多职能、多群体、多产品/服务	为关键的并购筹资;与大客户谈判;承担国际项目
跨界工作	影响/管理没有直接管辖权的人或流程	说服高层支持一个提议;与重要的工会组织进行非常关键的互动
管理多样性	领导不同文化、性别、种族和民族背景的人	领导成员来自多个地区的团队;领导一个性别和种族十分多样化的团队

设计发展型经历的几点注意事项

1. **制作能力 – 经历矩阵表**

在设计高潜人才项目时,很重要的就是要确定学员需要哪些发展型经历。学员既有共性需求,也有个性化需求。另外,经历需要具备一定的强度和延展度才具有发展功能。强度意味着对学员的绩效要求更高;延展度则意味着需要学员面对新的情境。组织可以制作一张将发展型经历和待发展的能力一一对应起来的矩阵表。

无论是安排何种发展型经历,如果要确保其有效性,就需要明确学习目标和学习过程,并获得相关人员的大力支持。

2. **选择挑战性适度的经历**

有挑战性的发展型经历能够帮助学员走出舒适区,走向学习区,并培养新的思考和行为方式。在应对挑战的过程中,学员很可能会显露出一些不足,这是加深他们自我觉察的好机会，但这非常需要教练、导师或直接上级的反馈。

组织在选择发展型经历时应考虑学员的承受力，应根据每位学员的实际能力水平与任务所需的能力水平的匹配度确定发展型经历的挑战性。挑战性略高于学员的自信水平是合适的；而当挑战性超过一定限度后，其促进领导力发展的作用就会降低。尤其是那些对自己的领导能力缺乏信心的学员而言，组织更需谨慎安排挑战性过高的工作任务，因为如果挑战性过高，就容易削弱他们的士气，甚至影响他们的个人晋升。另一方面，组织还应考虑工作目标的达成，需要在冒险和现实之间取得平衡，不能只顾练兵，而不顾实际工作。

为了降低上述风险，组织可以设法提高学员的领导自我效能感（leadership self-efficacy）。领导自我效能感是个体对自己是否具备实施有效领导（如设定方向、协调任务、塑造团队精神等）的相关能力的自信程度。组织可以先让学员在课堂培训中学习领导力，帮助他们对领导角色形成认知，从而逐步建立他们的自我效能感。另外，配合使用课堂培训、上级反馈、导师指导和教练辅导等方法也有助于降低风险。

3. 不同层级的高潜人才需要不同的发展型经历

不同层级的高潜人才需要的发展型经历是不同的。

例如，对于那些处在初级领导职位的高潜人才而言，他们的发展目标是成为中层领导者，发展型经历可能需要涉及中层领导者的某些工作任务，如调整不合格的员工、做预算、解决跨部门的冲突和处理历史遗留难题等。对于那些处于中层领导职位的高潜人才而言，他们的发展目标是成为业务单元的领导者，发展型经历可能需要涉及业务单元领导者的某些工作任务，如与监管部门打交道、与供应商谈判、开发有风险的新产品、推动艰难的变革和制定战略等。对于那些已经是业务单元领导者的高潜人才而言，他们的发展目标是成为高管，发展型经历可能需要涉及高管的某些工作任务，如在BANI时代中制定战略、开启一个新的业务、处理社会舆情危机和应对复杂的组织政治问题等。

发展型任务

发展型任务也被称为延展型任务，指那些超越学员当前能力和技能水平的任务。为学员布置发展型任务能够使他们为未来更高层级的领导角色做好准备，而且对于学员而言，他们参与这类任务的热情较高，也将获得价值感。

组织经常会在课堂培训之后为学员布置发展型任务，鼓励他们将所学付诸实践。布置任务时，应由学员与其直接上级通过沟通来选择恰当的任务。为促进学习保留率，组织应留出时间允许学员进行反思、与其他学员讨论他们在完成这些任务中的经历和收获。

发展型任务包括正式任务和临时任务两种。

正式的发展型任务

正式的发展型任务需要由人力资源部门与管理层讨论决定。最常见的正式的发展型任务是请学员加入一个特别小组（task force），来解决实际问题或研究课题。特别小组的成员往往来自不同部门。组织应结合学员以往的经验、特长和需要发展的能力，并征求学员的个人意见，将他们安排在不同的特别小组。学员需要具备全局思维，以拓宽视野，增强对组织整体的理解。

在特别小组中，组织可以根据学员需要发展的技能为他们安排不同的角色。例如，某位学员需要提升当众表达的能力，那么就可以请他来负责汇报环节的准备和实施。

除特别小组以外，正式的发展型任务还包括以下内容。

- 临时代岗：如当上级休假时，临时代其履行职责。
- 跨国安排：拓宽视野，眼光不局限于本国。
- 在其他部门短期工作，以了解业务流程全貌。
- 担任某些员工的专业或职业导师。
- 扩大现有岗位的职责范围。
- 参与一项新业务。
- 负责一个变革创新项目。
- 参与战略规划项目。
- 组织一次公司级别的活动。
- 在一个有冲突的团队里工作。
- 加入一个柔性小组。
- 加入质量控制小组。

另外，组织还可以实施影子计划（job shadowing）。影子计划是指让学员与那些经验丰富的人一起工作，通过观察或跟随实地工作，学习如何完成某些工作或任务。

如果学员被提拔到类似职位，他将会很有信心。但"师傅"如果有某些坏习惯，就很可能会传给学员。为此，组织应该清晰界定学员的角色，并对"师傅"就如何培养学员进行指导。

临时的发展型任务

讲师在课堂培训中布置的"作业"可以被视为临时的发展型任务。

某企业在其高潜人才项目中安排了以下临时的发展型任务，以帮助学员将他们在课堂培训中所学到的知识技能应用于实践。

- 给潜在客户打电话（拓展学员对公司业务的理解，增强他们的客户导向意识）。
- 参加校园招聘宣讲会（做好这项工作需要学员系统化地梳理公司的战略、组织结构、价值观和业务）。
- 对一家分支机构面临的问题进行诊断，并给出改进方案（锻炼学员的沟通能力以及分析和解决问题的能力）。
- 参加专业会议（增进学员对技术最新趋势的了解）。
- 教练辅导另一名学员（提高学员在发展他人方面的能力）。
- 评估和完善企业的某项业务流程（增进学员对公司业务的系统性理解）。
- 撰写一份同业市场营销最新动向分析报告（提升学员的市场洞察力和书面表达力）。
- 为公司员工讲授"如何打造高效团队"的课程（增进学员对团队建设的理解，增强他们当众表达的能力）。
- 在新员工入职培训班上进行分享（锻炼学员的表达能力、人际沟通能力，增强他们的组织认同感）。
- 参加与供应商的谈判工作（提升学员的沟通能力，深入了解业务的运作模式）。
- 向客户展示产品或服务（帮助学员掌握产品或服务的特点，了解公司优势和给客户带来的独特价值）。
- 研究对标企业的某项业务流程（培养学员的外部视角，增进对企业业务能力的了解）。

- 撰写公司核心人才流失调研分析报告（增进学员对企业人力资源管理现状的理解，锻炼他们的问题分析和解决能力以及综合管理能力）。
- 参加行业展览会，安排学员在展位上站台，向现有客户和潜在客户讲解公司业务或产品，或者参观同行展位后汇报所听所见（有助于学员更好地理解市场和公司的市场地位）。
- 帮助某项目组解决难题（锻炼学员的问题解决能力）。
- 向团队成员介绍一项业务流程（增强学员对公司业务的理解，提高他们的表达能力）。
- 引导一位新员工融入公司（增进学员对公司文化的理解，锻炼他们培养他人的能力）。
- 代表本部门参加跨部门会议（有助于学员建立了解公司其他职能部门的视角）。
- 在公司会议上进行团队工作报告（帮助学员对团队整体工作进行总结，锻炼他们的当众表达能力）。
- 进行成本–收益分析（帮助学员掌握财务分析技能，加深对公司盈利方式的理解）。
- 撰写预算报告（锻炼学员统筹规划、资源分配和财务分析等能力）。
- 参加创新项目的比赛（培养学员的创新思维）。

轮岗

轮岗的独特价值

轮岗是指有计划地安排学员在不同职能部门和业务单元进行岗位轮换，让他们亲身体验不同的角色。这是正式的、横向的发展型经历，目的是帮助高潜人才获得更广泛的经验，开拓其视野，增长知识和技能。如果将人才长期固定在某个职能上，他们可能就很难具备全局视野，很难从企业整体的角度来思考问题，而如果他们能够在不同的部门工作，接触的观点可能就会更加多元化，更有利于他们将来在工作中进行创新。另外，轮岗还可以提高人才的敬业度和保留率。对那些有需要吸引外部人才的企业而言，拥有轮岗计划将是一个竞争优势。在管培生的培养项目中，轮岗是一种比较普遍的做法。

在高潜人才的成长过程中，轮岗是重要的发展型经历之一。轮岗往往是跨领域和跨部门进行的，有机会让学员与那些有不同职能、负责不同业务的人员一起工作，扩大他们的工作关系网络。这些经历使学员能够在未来担任更高层级领导角色之时，有意识、有能力协同各方资源，为客户和组织创造更高的价值。

轮岗在培养某些能力方面具有独特的优势，如换位思考能力、对公司业务的整体理解能力等，这是课堂培训、教练辅导和导师指导所无法完成的。但轮岗也存在诸如时间长、投入大等不足。另外，轮岗在增强学员对外部环境的感知、培养他人的能力等方面也有一定的局限性。

轮岗的路径设计与管理

轮岗的路径设计和实施是有一定难度的。对组织而言，将人才从当前角色调离并安排在另一个角色上工作较长时间需要很大的决心。

轮岗有设置挑战和开阔视野两种模式。不管采取哪种模式，都需要进行系统化地量身定制，才能充分发挥其作用。需要注意的是，组织应在轮岗开始时就考虑学员的培养目标和接下来的职位变动方向。

组织在设计和管理轮岗路径时需要考虑以下几点。

1. 岗位类型

培养目标决定岗位类型。例如，某银行在其高潜人才项目中为学员安排了轮岗，如果培养目标是使学员成为该行某个网点的负责人，就应安排学员在柜员、客户经理等岗位进行轮换；如果培养目标是使学员成为某业务部门的负责人，就应安排学员在业务操作岗和条线管理岗轮岗；如果培养目标是使学员成为"一把手"，就应至少安排学员在两个不同职能的部门轮岗，以获得管理经验。

2. 轮岗时长

学员在每个岗位工作的时间至少为三个月，具体时长可由工作目标的完成时间和实现发展目标的时间决定。学员在一个岗位工作的时间不能太短，否则他们可能会遗漏某些重要的、有价值的职责和典型场景；时间也不宜太长，因为当锻炼作用递减，学员感觉学不到东西时就容易滋生不满情绪，可能产生离职倾向。

3. 先后顺序

轮岗工作应先简单，后复杂。如果前一个岗位的经历有助于后一个岗位，学员就能够很好地适应。

4. 过程管理

轮岗过程中可能会出现一种情况，即跟岗部门认为学员是来"镀金"的，可能不会为他们安排核心工作，从而使轮岗效果大打折扣。所以，轮岗方案应涉及轮岗期间的工作任务和工作标准。另外，如果有导师指导，学员的成长可能就会更快。

以下，我们将举例说明如何进行轮岗的路径设计。某银行实施了高潜人才培养项目，为了快速培养出金融科技复合型人才，智鼎公司帮助该行设计了为期两年的轮岗培养路径。在设计过程中，智鼎公司为每一个阶段都设计了相应的轮岗路径和重点培养目标，如图8-1所示。同时在实施过程中，还进一步细化了每个轮岗阶段的关键任务和相应的考核标准，保障轮岗设计的效果。

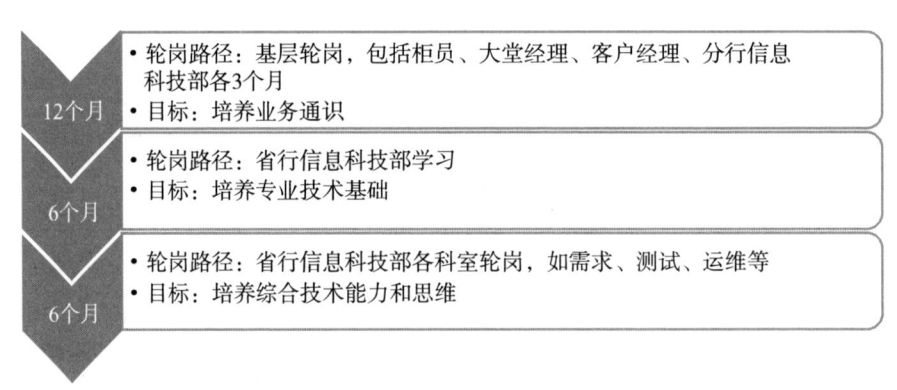

12个月
- 轮岗路径：基层轮岗，包括柜员、大堂经理、客户经理、分行信息科技部各3个月
- 目标：培养业务通识

6个月
- 轮岗路径：省行信息科技部学习
- 目标：培养专业技术基础

6个月
- 轮岗路径：省行信息科技部各科室轮岗，如需求、测试、运维等
- 目标：培养综合技术能力和思维

图 8-1　智鼎公司为某银行设计的轮岗路径

除了多岗位轮岗之外，组织还可以采取定向挂职轮岗的方式，安排学员到最需要经历的岗位上工作一段时间。

延伸阅读

通用电气公司的个性化轮岗项目[①]

该项目于2012年前后实施,目标是加速公司中非财务领域高潜人才的发展,让他们将来能够拉动公司的业务单元。

与其他领导力项目类似,参与者也要经过精挑细选。提名人从公司年度继任计划和人才评审过程中产生。候选人必须具备本科学历(或相当),专业是工程、商业或技术,在公司拥有四年以上工作经历,且在商业、技术或运营等职能方面已经取得一定成绩,绩效表现优异。候选人必须是高潜人才,并且能够证明自己有能力承担多项职责,包括严谨细致地完成任务、培训和项目工作。候选人还需要能够适应工作地点的变换,并有意愿在其他国家生活。

项目有以下关键特征。

1. 全职的跨职能工作任务。虽然通用电气公司还有其他全职的基于任务的轮岗项目,但大多数项目都在某个特定的职能领域内运行。公司员工领导力项目(Corporate Leadership Staff, CLS)的特点在于,即使参与者在其行业领域内(即业务部门)工作,其岗位角色也仍然包含不同的职能。

2. 个性化发展。与以往的项目相比,这个新项目的关键创新点在于,公司员工领导力项目是为参与者专属定制的。因为项目组承认参与者的背景相异,且在完全不同的业务部门工作。最高优先级的任务是根据员工个人的发展需求选择的,甚至轮岗的时间长度也是专属定制的。因此,每个人的轮岗周期都不相同。项目成员将在公司员工领导力项目停留2~5年的时间,而且是根据参与者表现出的领导能力水平来决定项目是否完成,而不是项目必须进行多长时间或者必须完成多少限定时长的任务。实际上,项目包含了一系列能够拓展参与者视野的全职职位,还包含多职能领域的轮岗。例如,一个背景是运营领域的参与者将先进入销售领域,然后再进入产品管理领域。培养全球化的思维模式也是一项重要目标,如果参与者

[①] 摘编自《美国创新领导力中心历练驱动的领导力开发:模型、工具和最佳实践》。

之前没有相关经历，他们就将参与一项国际化任务。

3. 能力评估框架。能力评估框架能够确保项目的一致性。该框架关注成长、领导力、卓越运营、资本效率和领域专长五个领域，包含了成功的商业领袖在这些领域应该具备的能力，并针对每种能力定义了行为等级和要求掌握的熟练程度。不仅如此，该框架还提供了相关信息，包括可能的任务和项目以及能够帮助发展某种能力的培训。这个评估框架不仅可以用来评估参与者的技能水平差距和进步程度，而且可以用来评价参与者是否已经准备好从该项目结业。

4. 建立联系。个性化轮岗项目的另一个重要元素是，在项目实施期间，每位参与者都有一位高级经理作为他们的教练。这些高级经理都拥有作为领导和人才开发者的很好的个人业绩记录，并且都接受过教练培训。在项目启动时，他们与参与者共同参加讨论会，并将帮助参与者制订一份个人发展计划，其中包括任务和项目选项、参与者的能力差距和职业兴趣等。讨论会结束后，结成对的教练和参与者将保持联络（如每两周进行一次谈话），讨论遇到的挑战、学习和进步等情况。常规反馈和评估是项目的组成部分，通常在个人任务和项目研讨会上进行。每位参与者都将不断回顾个人发展计划，并依据反馈结果做出调整。

促进学员从发展型经历中学习

直接上级、项目负责人、教练、导师等支持人需要对学员在发展型经历中的表现进行指导和反馈。特别是直接上级，需要对工作进行结构化设计，创造机会来帮助学员完成这些工作，并对绩效进行评价。

高潜人才项目的组织者应设计一些方法，促进学员自主学习，最大化地利用发展型经历。其中，利用反思进行学习是最有效的方法之一。学员可以暂停下来静心思考正在学习的东西与自己工作的连接点是什么？哪些对自己工作有效，哪些没有效果？这有利于提升对自我的觉察。反思有两种类型：行动中反思（reflection in action）和行动后反思（reflection on action）。

行动中反思指的是在做事情的同时，对自己正在做什么进行思考。这种反思常常是被"惊讶"事件所激发，如学员被某件事情困住时，熟悉的常规做法未能带来理想结果时等。

行动后反思是指在事后通过认知对自身的所作所为进行解剖，将信息转化为个人知识。行动后反思不仅能够增长学员的个人知识，而且能够促使他们对之前拥有的理论和概念进行挑战和重新整合。

下面我们介绍一下吉布斯（Gibbs）的反思循环模式。该模型侧重行动后反思，当然也可以用于行动中反思。

第一步，事件描述（event description），即反思者详细描述事件。反思者应回答以下问题：在哪儿？还有谁参与？我为什么参与其中？我做了什么？别人做了什么？事件的背景是什么？发生了什么情况？我扮演了什么角色？其他人呢？最终的结果是什么？

第二步，感受和想法（feelings and thoughts）。这个步骤致力于反思者自我觉察。反思者应回答以下问题：我在事件开始时和过程中是怎么想的？感受如何？其他人让我有何感受？我对事件结果有何感想？

第三步，评价（evaluation）。反思者应该对发生的事情进行评判，对自己表现好的地方和不好的地方进行回顾。

第四步，分析（analysis）。反思者将事件分解为各个部分，并分别进行探究和细化，便于在最后阶段找到答案。反思者需要回答如下问题：谁的做法对于预期发生的事情是有正向贡献的？我做对了什么？什么地方不如预期那样理想？

第五步，总结（conclusion）。这是整合阶段，帮助反思者提升洞察力（也就是哪些行为对事件结果有重要贡献）。我或者其他人学到了什么？哪些方面本可以做得更好？

第六步，行动计划（action plan）。反思者回答以下问题：当再次遇到此类事件时，我会有哪些不同的做法？

学员可以根据上述模式设计符合自己特点的反思工具。下面是某学员设计的一个与领导力发展关联更加紧密的行动后反思方法，供大家参考。

　　回顾：都有谁参与了这次经历？我的角色是什么？在前前后后的过程中，我都做了什么？

第8章　发展型经历　129

分析：这次经历的哪些方面具有挑战性？我的贡献是什么？我有效地发挥了领导作用吗？这次我的领导方式和之前有何不同？可以采取哪种不同的领导方式吗？效果会有何不同？

发现：从这次经历中，关于如何当领导，我学到了什么？将来遇到类似情况，我的领导方式会有什么不同？未来，我要如何提升我的领导力？

行动：根据这次经历，我计划采取的行动是什么？

高潜人才项目的组织者还可以要求学员用以下更简单的结构化问题来反思他们的每一段发展型经历：在这段经历中，我所遇到的典型挑战是什么？为解决上述挑战，我采取的行动哪些是有效的？哪些是无效的？将来，在什么情况下可以应用我从这段经历中所学到的什么东西？

行动后反思往往以反思日志（reflection journal）的形式记录下来。通过撰写反思日志，学员可以对正在发展的能力和经验进行反思。之后，学员们可以在更大范围内对反思进行讨论，进一步分享每个人的深刻认识，变个人知识为组织知识。在实践中，强制学员撰写反思日志可能会有一定的困难。有的学员可能觉得这是在浪费时间。向学员提供反思日志的结构和撰写指导会提高其使用热情。反思日志将促使学员思考他们是如何应用所学的，因此，可将其作为其他学习方法的一个有力补充。最好是在学员了解了关键概念并开始实际应用学到的技能之后应用反思日志法。

EASE 模型在发展型经历中的应用

与行动学习一样，发展型任务和轮岗最能体现的是 EASE 模型四因素中的"历练"因素，具体如表 8–2 所示。在实践中，只有得到强化支持，才能真正发挥发展型任务和轮岗在培养高潜人才中的价值。

表 8–2　　　　　　　EASE 模型的四因素在发展型经历中的应用

EASE 因素	具体应用
评价	• 通过新的挑战性任务对学员的思维方式和知识技能进行测试 • 对学员在发展型经历中表现出来的能力水平进行评估，并以适当的方式反馈给学员

续前表

EASE 因素	具体应用
觉察	• 学员在与同事一起工作的过程中寻求他们的反馈 • 学员通过教练的辅导，对自己的优势和固有的思维方式进行觉察 • 在轮岗时，学员可以接触不同部门、不同业务单元的同事的多元化思维，觉察自己的心智模式
支持	• 直接上级为学员布置发展型任务，并进行绩效反馈和评价 • 导师分享自己在类似工作场景中的故事 • 教练对学员进行启发式提问，帮助学员自己提出解决问题的策略，并进行鼓励
历练	• 增加发展型任务和轮岗的挑战性，拓展学员的能力 • 发展型任务和轮岗安排将考虑学员需要经历哪些挑战，并进行针对性设计 • 正式任务和轮岗均有明确的工作目标，在达成目标的过程中提高学员的能力

HIPOS

第 9 章
测评反馈与个人发展计划

在高潜人才项目中,每位学员都有自己独特的、需要发展的领域,这就是测评反馈和个人发展计划要解决的问题。测评获得的信息将反馈给学员,以触动他们的自我觉察,从而促使行为的改变。

最好的领导力发展是释放早已存在人的心灵和头脑里的东西,是由你本人发现自己的天赋。

——詹姆斯·库泽斯(James Kouzes)

测评及其工具

在选拔高潜人才进入培养项目时，组织很可能因时间或认知和方法等层面的因素没有对候选人进行细致和深入的评价。如果能够从多来源收集测评信息，并对学员的性格、行为风格、领导胜任力等进行综合测评，就将使反馈更有效。我们已经在高潜人才选拔时介绍过性格测验，在此不再赘述。如果在选拔阶段已经对人才进行了多种测评，就可以直接利用这些测评结果，不必进行重复测评了。

学员的目标发展岗位越复杂，需要使用的测评工具就越多。以下我们将介绍行为风格测试、小组事实搜寻技术和360度评估三种测评工具。

行为风格测试

行为风格测试可以帮助学员提高自我认知，了解自己偏好的行为方式及其对他人产生的影响。这类测试可以通过线上方式进行，十几分钟或半小时左右就能够完成。桥水公司的创始人达利欧在公司应用了MBTI（Myers-Briggs Type Indicator）测试，他让公司的多数管理者都做了MBTI测试，帮助大家相互理解，解决分歧和冲突。达利欧认识到，人们之间的很多分歧并不是沟通不良造成的，而是不同的行为风格造成的。

如果高潜人才处在较高层级，那么行为风格对其工作的影响就更加明显，尤其是当他们担任一把手时。因此，在高层级的高潜人才项目中，需要关注类似之前所述的脱轨行为的测评和干预措施。通过专业解析，学员对于自己潜在的不利的行为风格因素有了深刻认知后，会大大提高履新成功率。

小组事实搜寻技术

如前所述,情景模拟测评技术可以直观地观察和反馈行为。小组事实搜寻技术(group fact finding)是一种创新型的情景模拟测评技术。这个方法由智鼎公司首创,是将口头事实搜寻技术和无领导小组讨论结合使用的方法。它既可以在课堂培训中使用,也可以对学员进行测评,如测评学员的组织协调、人际沟通、团队合作、综合分析等能力。

以下是智鼎公司应用小组事实搜寻技术帮助 A 航空公司选择新航线的案例。

小组事实搜寻:帮助 A 航空公司选择新航线

欢迎大家参加今天的小组活动。

从现在开始,大家组成一个临时团队,任务是帮助 A 航空公司选择新航线。为了便于大家讨论,我们在材料中提供了一些背景信息,需要大家结合这些信息进行思考和决策。

本活动分为独立思考、集体讨论两个阶段。

第一阶段是独立思考,时间为 7 分钟。请大家独立思考:为了选择航线,需进一步获取哪三条信息?这些信息的优先顺序是什么?

第二阶段是集体讨论,时间为 30 分钟。团队有两个任务:收集信息和选择航线,并说明理由。在讨论中,大家最多有三次收集信息的机会。大家可以通过一边讨论一边收集信息的方式,根据需要,不断获得这些信息,并在规定时间之内达成小组的一致意见,向评委口头汇报(汇报时间包含在 30 分钟内)。

在集体讨论时,请大家注意以下六点。

1. 讲话声音要适当大一些,以便所有人都能听清楚。

2. 最多有三次收集信息的有效机会,每次只能了解一个信息。因此,在每次提问前,需要请团队成员共同确认收集什么信息,并选出一位代表向评委获取。

3. 尽量坚持自己的观点和选择,但是要确保在规定时间内达成小组的一致意见。

4. 评委仅掌握与此任务相关的六条信息,其他信息不予提供。

5. 不能用举手表决或类似投票的方式来形成最终结果,最终结果要通过充分、高质量的讨论形成。

6. 讨论开始后，请大家假设房间中只有在座的各位，评委将不再回答任何问题，请大家控制好时间。

背景信息如下。

A 航空公司是一家总部位于中国 G 市的航空公司，在国内已具备了较大的影响力。近年来，随着公司业务的逐步扩大，该公司开辟了越来越多的国内和国际航线，在国际上初具影响力。目前，该公司正在计划新开发一条国际航线，希望进一步开拓国际业务，提高自身的国际影响力。经过内部评估，该公司初步确定了两个新航线方案。两个方案的起始地均为 G 市，也就是该公司的总部所在地，目的地分别为国外的 L 市和 E 市。计划每两天一个航班，由 G 市飞往目的地，次日返航。航线的简要介绍如下。

方案	航线简介
航线一	由国内 G 市飞往国外 L 市，飞行里程 4800 英里，预计飞行时长 8 小时
航线二	由国内 G 市飞往国外 E 市，飞行里程 4500 英里，预计飞行时长 8 小时

各位成员作为咨询团队的一员，受 A 航空公司的委托，需要对两个方案进行进一步评估，从中选择出更合适的方案。

评委可提供的信息如下。

1. A 航空公司的基本信息和公司领导对航路开辟的要求

A 航空公司目前主要的出发枢纽为中国南方 G 市的国际机场和北方 B 市的国际机场，航班飞往全世界 100 多个目的地。该公司以 G 市和 B 市为双核心，形成了覆盖国内、辐射亚洲、连接欧美的航线网络。目前，该公司有包括波音 777、747、757，空客 A330、321、320、319、300 等在内的客货运输机超 400 架，机型全面。该公司飞行实力出众，拥有 3000 余名优秀的飞行员；机务维修实力雄厚，保障体系完善，拥有国内航空业较为先进的 IT 系统。该公司非常注重客户体验，希望能够通过提供可靠、准点、便捷的优质服务，满足并超越客户的期望。正是由于这一理念，该公司在各大航司中脱颖而出，获得了旅客的信任和好评。

本次新航线的开辟是 A 航空公司进一步拓展国际业务计划的一部分。公司希望通过这一航线的开辟，在增加业务营收的基础上，进一步扩大国际影响力，并让更多的人有机会选择 A 航空公司出行，体验公司良好的服务。

A 航空公司的相关领导在谈话中也指出："此次开辟新航线，不仅要抓住机遇，扩大公司的国际业务范围，增加国际业务的利润收入，而且要注重打造公司的形象。我司一直都非常注重旅客的航旅体验，我们希望我们的每个航班都能让旅客感受到公司优质的航旅服务，因为只有这样，才能使我司真正让旅客满意，并赢得他们的信任。"

2. 航线始发地和目的地的相关情况

航线的始发地 G 市：G 市是我国南方重要的经济中心，常住人口 1520.3 万。经济发展较好，是我国著名的商业城市之一。人均住户存款居全国前列。

航线一目的地 L 市：L 市是其所属国重要的经济文化中心，常住人口 800 万，商业和政治环境非常成熟。一直以来，G 市与 L 市的联系就非常紧密，客流量较大并相对稳定。客流类型丰富，包括商务出行、旅游出行、教育出行等。随着我国人民的经济文化水平的逐步提升，G 市与 L 市的文化交流、旅游交流势必会更加频繁。近年来，G 市和 L 市之间往来的旅客数量也在稳步提升。

航线二目的地 E 市：E 市是其所属国重要的旅游城市之一，常住人口 202.1 万，拥有非常温和的气候和迷人的自然风光，同时也拥有广阔的居住空间和高水平的生活品质，因此成了非常受欢迎的观光旅游目的地。随着我国人民生活水平的提高，越来越多的人选择出境旅游，E 市也逐步进入他们的视线。近年来，由我国去往 E 市旅游的人数在逐步增加。然而，由于气候原因，该地旅游有明显的淡旺季之分，每年 4 月～11 月是 E 市的旅游旺季。由于该地旅客类型较为单一，在淡季时，该航线旅客数量会受到较大的影响。目前已有部分国内旅游公司与 A 公司取得联系，并表示如果开辟航线，将希望与 A 公司合作。

3. 相关航线和各航司的竞争情况。

航线一：由于 G 市与 L 市的长期的密切联系，三年前就已有其他航空公司率先开通了 G 市至 L 市的直飞航线。目前该航线经营情况如下表所示。

已开辟航线一的各航司的经营情况

航空公司	开航时长	航班频次	执飞飞机（载客量）	年平均载客量	平均票价	平均上座率	航班平均人数	满意度
Q	3年5个月	两天一班	A330（载客：240人）	31 968	4600元	74%	177人次	93%
W	2年9个月	两天一班	A330（载客：240人）	29 808	4800元	69%	165人次	89%
U	1年3个月	两天一班	波音777（载客：230人）	32 292	4400元	78%	179人次	91%
R	1年8个月	两天一班	A320（载客：165人）	26 433	4200元	89%	146人次	79%

航线二：由于G市与E市目前没有直飞航班，因此由G市去往E市均需要在该国首都X市转机。目前，由G市至X市有三家航空公司均在运营每两天一班的航班，其中包括A航空公司在内。三家航空公司的运营情况如下表所示。其中，从G市到X市的旅客将有30%的旅客在X市乘坐国外的航空公司的飞机转机去E市（其中，旺季转机人数比例为35%，淡季比例为20%），平均票价为400元。

G市至X市航线各航司经营情况表

航空公司	开航时长	航班频次	执飞飞机（载客量）	年平均载客量	平均票价	平均上座率	航班平均人数	满意度
Q	2年4个月	两天一班	A330（载客：240人）	32 400	4500元	75%	180人次	91%
A	2年1个月	两天一班	A330（载客：240人）	34 992	4200元	81%	194人次	89%
R	1年3个月	两天一班	A320（载客：165人）	27 027	3900元	91%	150人次	79%

4. 新航线飞行相关成本飞机载客量和飞行成本（飞行固定成本包括燃油成本、维修折旧成本、机组人员成本和航路成本）：

- 空客A319（中型飞机）有120个座位，单次最长飞行距离为6000英里，飞行两条航线的固定成本均为360 000元。
- 空客A320（中型飞机）有165个座位，单次最长飞行距离为

第9章 测评反馈与个人发展计划

6000英里，飞行两条航线的固定成本均为434 000元。
- 空客A330（大型飞机）有240个座位，单次最长飞行距离为7000英里，飞行两条航线的固定成本均为650 000元。

机场的运营成本（包括机场相关运营成本和机场起降成本）：

L市机场的机场运营费用相对较高，预计45 000元每架次。E市机场的运营费用相对较为优惠，预计22 000元每架次。

5. 航线目的地的机场规模、基础设施配套和机场运营情况

航线一：L市机场为门户型国际航空枢纽，共有四座航站楼，民航站坪设212个机位，其中廊桥近机位133个，远机位64个，货机机位15个；有2条跑道，均为50米宽。L市机场非常繁忙，每日起降架次超1200余架。同时，L市机场拥有丰富的商业配套，设施完备。由于国内已有多家航空公司的航线涉及此机场，因此，L市机场建有国内航空联盟的专属贵宾厅，能够为贵宾和公务旅游提供完善且优质的旅行服务。但是，由于该机场航班众多，航路较为拥挤，航班常常需要排队盘旋30分钟以上才能进场，因此需要A公司耗费较大的精力去解决航路管控和航班延误问题。

航线二：E市机场为4E级国际机场，共有两座航站楼，民航站坪设56个停机位，每日起降航班架次约290余架次。E市机场航站楼内有基本的商业配套，能够为旅客提供基本的餐饮服务。但截至目前，E市机场并未有国内航空公司入驻，因此相关的中文服务配套设施较为欠缺。目前，E市机场的日常起落架次并未达到饱和状态，航路管控导致的延误和排队现象较少，且该机场也在积极地引进新航线来增加其旅客流量。因此，E市机场的运营难度较低，机场也会积极提供各种手续办理便利。

6. 新航线沿途天气情况

航线一：L市受大洋暖流和西风影响，属温带海洋性气候，四季温差小，夏季凉爽，冬季温暖，空气湿润，多雨雾，秋冬尤甚。因此，在秋冬时期，L市机场较容易因雨雪大雾天气导致航班延误或取消，这也成为许多旅客对该机场常有抱怨的原因。

航线二：E市属地中海气候，气候宜人，四季分明，对飞行活动的影响较小。但是由于该航线需要跨海飞行，在夏季易受到台风影响而取

消飞行计划。而且由于夏季跨海飞行气候变化较大，通常建议选用大型飞机来保障飞行的安全性和舒适性。

小组答案

1. 团队需要获取的信息及顺序

①：_____ 理由：_____

②：_____ 理由：_____

③：_____ 理由：_____

2. 航线的选择是：

理由：_____

* 声明：我认可小组讨论的最终结果。

* 小组成员集体签字：

评价者将对学员在小组事实搜寻任务中的表现进行观察，并就他们对复杂问题的分析能力、信息获取能力、判断决策能力、团队合作、组织协调能力等进行评价。

360度评估

360度评估是通过学员本人、上级、同级和下属等人对被评价者领导胜任力的评估，来帮助学员发现自己的优势和需要发展的领域，也称360度全方位反馈（360-degree multi-source feedback）。每个人都存在或多或少的盲点，而360度评估提供了发现这些盲点的可能性，使学员能够通过周围人提供的多个视角的信息来了解自我。在实践中，360度评估可以根据实际条件灵活使用，也可能是270度或者180度评估。评价者只有与学员频繁接触才能够提供有效的反馈信息。收集对学员不熟悉的人的反馈既是对组织资源的浪费，也会对学员产生误导。360度评估是发展性的，而不是评判性的，其结果是制定个人发展计划的重要依据。

360度评估针对的是学员的领导胜任力行为，而不是抽象的人格特质，这些行为是具体的、可以观察的、可以学习的。例如，"发展他人"的三个典型行为是：（1）投入时间和资源，帮助他人获得知识和技能，使其胜任岗位工作；（2）提供积极的反馈和辅导；（3）发现并祝贺他人的成功。"客户导向"的三个典型行为是：（1）预见客户需求；（2）满足客户对最后时限的要求；（3）对客户抱怨和问题快速响应。360度评估所针对的行为有时候需要考虑未来组织发展的需要，如体现数字化思维的行为。评估问卷不宜过长，评价等级不宜太少，以避免评价者多进行居中评价，也便于反映学员在某种行为上的些许变化。还可以设计"不了解""不适用"

等选项，便于评价者提供真实的评价。

除了请评价者针对给定的胜任力进行评价之外，还可以请他们提供书面的、开放式的反馈信息，如 SKS，即应该开始（start）什么行为、应该继续（keep）什么行为以及应该停止（stop）什么行为。

多来源的评价可能会得到不完全一致的评价信息，这也是很有价值的，学员可再三反思自己的行为。如果得到的是一致的信息，就可以更加确认评价的客观性。

组织可以根据实际情况和需要使用成熟通用或因需定制的 360 度评估工具。但是无论如何，都要确保评价信息的保密性，否则评价者难以进行坦诚评价。一个好的 360 度评估系统应满足以下条件：

- 信度高。如果同一位评价者在短时间内反复对同一个人进行评价，结果不会变化太大。在同一个组织层级上的评价者对被学员的评价应该差不多。
- 效度高。工具确实对其宣称评价的领导胜任力维度进行了测量，这需要进行效度检验，以确保测评结果能够反映所要评价的领导胜任力维度。
- 易用性。评价题目易于评价者理解和回答。
- 适合性。评价工具测量了组织关注的那些管理行为。

组织如果想选择使用成熟通用的 360 度评估工具需要回答以下十个问题。[①]

1. 你所在组织的愿景和使命是什么？要使用的 360 度评估工具中包含的模型是否侧重于这些内容？
2. 该工具所遵循的管理模型是什么？和你所在组织的模型类似吗？
3. 你想评估学员的哪些表现（基本业务知识、人际技能、产品知识等）？
4. 题目描述是否清晰？所有评价者都能够理解工具和指导语吗？
5. 工具的使用时间是否合适？是否需要评价者留出专门的时间来完成？
6. 题目是否适合学员的管理层级？是否适合组织本身呢？
7. 工具的设计能够确保保密性吗？工具的效度满足要求吗？能够找到证据表明该工具可以帮助学员提升管理技能吗？
8. 工具信度如何？研究人员埃伦·凡·威尔瑟（Ellen van Velsor）和史蒂芬·J. 沃尔（Stephen J. Wall）建议工具技术报告单的最低标准如下：

[①] 摘编自美国培训与发展协会发布的《如何构建和使用 360 度反馈系统》（*How to Build and Use a 360-degree Feedback System*）一文。

(1)再测信度 0.4 或以上；

(2)内部一致性信度 0.65~0.85；

(3)评价者之间的一致性信度 0.4 或以上。

9. 反馈报告能够帮助学员解释数据吗？需要额外的内容来帮助理解吗？

10. 工具反馈报告适用于行动计划吗？

在实践中，我们发现 360 度评估存在以下不足之处。

1. 只有组织具有开放、信任和坦诚的文化氛围，360 度评估才有可能提供真实的反馈信息。

2. 匿名实施 360 度评估时，如果想进一步了解反馈情况，就有可能找不到信息源。

3. 评价者未必能够全面了解学员可以体现领导胜任力的行为，或者学员还没有机会展现某种行为。

4. 评价者的客观评价能力有可能不足，可能存在光环效应、趋中效应等偏差。

5. 个别数据存在不真实的情况。

反馈

只有对各种测评信息进行整合，才能够确保反馈的准确和全面。有些信息相互支持，可以交叉验证；有些信息从表面上看存在不一致，需要测评人进行深入、具体的综合分析才能发现有助于揭示学员特点的有价值的要点。如果有条件，组织可以同时使用评价中心技术中的情景模拟类测评工具和 360 度评估工具，并将获得的信息进行交叉验证和整合分析，这样可能会得到更加准确的评价。而且反馈前需要确认一个问题：学员乐于接受反馈吗？学员只有愿意接受反馈，才有可能将反馈信息转化为个人的觉察和发展行动。

测评反馈的目的是帮助学员发现自我，而不是贴标签。测评人需要了解学员可能具有不愿正视自己、害怕短处被曝光、担心评估结果失真等自我保护心态，所以在反馈时需要把握好以下原则。

1. 及时反馈。在测评结束后应尽快反馈，因为此时，学员和评价者对信息的记忆还是鲜活的。尤其是情景模拟类的测评，学员在结束模拟任务之后都急切想得到测评结果，所以应及时给他们反馈。

2. 行为导向。如果反馈是对具体行为（而不是对个人特征）的描述，就更易于被学员理解和接受。例如，可以这样反馈："在小组活动中，当你表达不同观点时，忽略了他人观点中正确的方面。"不可以这样反馈："你的沟通能力需要提高。"即使是积极信息的反馈，也最好是针对行为，而非特征。

3. 具体和清晰。反馈不应是笼统地对测评维度进行定性，而是要根据学员的具体行为表现来描述他们的优势和不足。

4. 支持性。反馈应使用支持性的方式，不是挑学员的毛病，而是帮助他们发现自己的成长潜力。

5. 开放性。给学员询问、澄清和回应的时间和机会，而不是单向地给出结果性反馈。

6. 绩效相关性。反馈的信息应与学员的工作绩效（而不是无关的事情）有直接关系。

在反馈过程中，测评人还可以帮助学员放弃他们固有的一些假设。例如，有的学员不愿意授权，更愿意事无巨细地亲力亲为，这很可能不是缺少授权的技巧，而是因为担心授权后将失去控制权。

尤其需要提示的是，测评后的反馈要基于资源导向而非问题导向，也就是说，测评反馈的目的是帮助学员发现自我成长的方向和目标，这个方向可以是学员对自身优势领域的持续积累，也可以是对自身短板行为的改变。

制订个人发展计划

个人发展计划是针对学员需要发展的具体领域（如特定的技能、职能领域的知识、思维方式等）而制订的个性化提升计划。当学员得到了有效的反馈之后，他们就有了提升和改变自我的动力，此时，他们就可以开始制订个人发展计划了。

制订个人发展计划有以下好处。

1. 促使支持人和学员做出承诺。
2. 提高学员行为改变的可能性。
3. 促进学员与支持人进行对话和分享。
4. 扬长补短，将个人发展的策略系统化。

个人发展计划相当于一份个人学习合约（personal learning contract），可以使外部需要、期望与学员的内部需要和兴趣相协调。学员通过参与制订计划的过程，能够将计划视为自己工作的一部分，因此能够主动地负起责任。

制订个人发展计划的过程

1. 学员培训

组织可以邀请人才发展专家对学员进行一次培训，教学员如何撰写一份好的个人发展计划。在培训课堂上，讲师可以先提供样本，供学员参考，然后再让学员尝试撰写自己的个人发展计划。当学员完成计划后与他们进行互动，解答他们的疑问。

培训环节非常有价值，对那些首次撰写个人发展计划的学员而言尤为重要。

2. 学员请直接上级提供更多输入

学员在撰写个人发展计划时需要获得更全面的信息，特别是来自直接上级的期望，因为直接上级非常了解学员的任务类绩效表现和行为类绩效表现。比起通过360度评估问卷获得信息，面对面沟通会更全面、深入和具体。

当然，直接上级可能只考虑了学员目前的绩效情况，对学员未来要承担的领导角色不是很关注和了解，所以他们期望学员提升的能力很可能仅局限于实现当前的绩效目标，而忽视未来领导角色的能力需要。

3. 学员撰写个人发展计划初稿

接下来，学员就可以开始按照以下四个步骤，即聚焦目标、选定策略、制定行动计划和明确衡量标准，撰写自己的个人发展计划初稿了。

（1）聚焦目标

学员需要综合考虑"我想要""我能做"和"环境期望我做"三个方面，从而聚焦自己的发展目标。

学员首先要确定自己需要发展的领域。发展是有目的的，如提升当前工作绩效表现以及着眼于未来职业发展的目标。学员需要回答以下问题：为了更好地做好当前工作，我有哪些方面需要提升？我的职业发展目标是什么？我希望晋升到组织的哪个层级和哪个类别的职位？是专业性比较强的职位还是综合性职位？有助于达成我当前业绩和职业发展目标的优势和不足分别是什么？

确定了要发展的领域和发展该领域需要的时间之外，学员还需要确定要实现的具体目标。如果这些目标能够与团队、组织的需要结合起来就更好了。例如，某银行的一位学员需要发展自己的创新能力，如果能够将目标定位于从初级能力发展到中级能力，同时完成其直接负责的智能投顾新业务就更好了。

（2）选定策略

确定发展目标之后，学员需要制定相应的发展策略。例如，在工作中历练是最重要、最有效的策略之一。学员需要回答以下问题：我需要哪些类型的发展型经历？这些经历的可获得性如何？与他人进行互动也是提升自我的有效策略，如请导师、教练进行指导和点拨。

提升不同类型的领导胜任力需要不同类型的策略。例如，跨部门的沟通能力更多地需要在跨部门的项目中得到锻炼，而学习如何决策则可能需要观察决策高手的行为模式。当然，各类领导胜任力的提升都需要综合运用发展型经历、他人辅导交流和正式学习这三种策略。以下是针对不同领导胜任力，三种发展策略落实到具体行动措施的例子。

- 再过两周，向上级争取机会领导一个高层级的跨职能流程改进小组（要发展的领导胜任力：领导变革和战略思维、业务理解力）。
- 本季度参加一个三天左右的变革领导的课程（要发展的领导胜任力：领导变革）。
- 本月阅读下列书籍：《卓有成效的管理者》第6、7章；《决策与判断：走出无意识偏见的心理误区》（要发展的领导胜任力：决策力）。
- 下个星期帮助我的一名团队成员制定他的个人发展计划。使用辅导的方式，多提问，不告知（要发展的领导胜任力：教练辅导）。
- 三周内找一位在战略思维方面的榜样，请他分享最佳实践和建议（要发展的领导胜任力：战略思维）。
- 每月和同事王晋打个电话，请教他在带领团队走出困境方面有何经验（要发展的领导胜任力：打造卓越团队）。

学员在选定发展策略时可参考以下两个原则。

第一个原则是721原则，即综合运用发展型经历、他人辅导交流和正式学习等多种策略，且发展型经历应有更多的占比，大约占70%，他人辅导交流和正式学习分别占20%和10%。

第二个原则是可实现性，即可结合当前的工作环境和资源来选定更合适的策略，这些策略能够与当前工作实际结合起来，以降低个人发展计划实施的难度。

（3）制订行动计划

确定发展策略后，还需要将其细化为可执行的行动计划。行动计划应包含具体的行动举措、时间规划和结果产出三大要素。另外，在行动计划中还可以加入需要的资源支持。

例如，为了提升沟通能力，学员选定的一个发展策略是主导一个跨部门的沟通项目。如果将其细化为行动计划，就需要细化个人将在跨部门沟通项目中有哪些具体的行动，如主动添加对接人的微信并保持每周一次的沟通频率、在每次沟通前用结构化思考的技巧梳理沟通内容等，同时还应细化行动实施的时间和频次以及期望达到的效果。

（4）明确衡量标准

制定了发展策略和行动计划之后，学员需要确定如何衡量自己是否进步，这时可以给自己设定一些阶段性的里程碑或小目标，以跟踪个人发展情况并获得反馈。例如，某位学员制订了提高自己处理团队冲突能力的个人发展计划，就可以用"有效处理团队冲突的时长"作为衡量标准；某位学员制订了提高跨部门沟通能力的个人发展计划，就可以用"需要其他部门支持时的响应速度"作为衡量标准。

4. 个人发展计划确认

学员在完成个人发展计划的制订后可以邀请人才发展专家、导师和教练给出建议，酌情修改之后可以请直接上级、导师和教练签字，以确认个人发展计划的具体内容。与绩效计划一样，个人发展计划也是一种承诺。

5. 学员践行个人发展计划

学员在践行个人发展计划的过程中可以将自己的发展过程写入个人学习日志，这将帮助学员在整个高潜人才项目中对自己的进步进行评估和觉察：我有哪些方面进步了？哪些方面需要再加强？我在这项学习活动中学到了什么？

在学员践行个人发展计划的过程中，支持人需要对学员进行观察，并在必要时提供建议和指导，还可以组织学员的交流活动，促使他们分享经验，相互支持。当发现学员的个人发展计划存在问题时，支持人可以帮助他们进行适当的调整，但要得到学员的确认和认可。

> **延伸阅读**

部分领导胜任力的提升方法

- **商业头脑：**
✓ 找一家你感兴趣的行业头部企业，用你自己的话总结其获得成功的规律，并与有相同兴趣的人交流；
✓ 研究你所在企业的年度报告和财务报告；
✓ 参加一个跨职能的项目，借机从更整体的视角来了解你所在企业的运营情况；
✓ 做决策时，考虑该决策对其他部门的影响；
✓ 对你所在企业的主要产品的竞争力进行分析，提出建议，并与相关部门分享你的洞察。

- **高质量决策：**
✓ 对你自己做出的决策进行批判性反思（例如，找出一个不错的决策和一个不够理想的决策，对比分析决策的过程有何不同，并以反思日志的形式记录下来）；
✓ 对与你所负责的工作相关的、某项不确定的外部趋势进行预判，有了结果后进行对照，并分析自己在预判方面的得失；
✓ 决策时请一位信得过的同事扮演"魔鬼代言人"的角色，请他对决策进行有依据的挑战；
✓ 寻找机会加入一个需要做出较重要决策的项目组；
✓ 申请参加公司的外部招聘，在决策"谁是合适的人选"的过程中学习决策；
✓ 观摩一位决策力强的领导是如何做决策的，可以试着站在他的角度做决策，并与他最终的决策做比较，有可能的话，可以向他询问决策过程。

- **绩效辅导：**
✓ 分析团队成员中哪些人虽经验不足，但很有潜质，多对这些人运用启发式提问进行辅导；
✓ 与表现不达标的员工至少进行两次比较正式的辅导谈话，帮助他们完成他们独自无法完成的任务；
✓ 对你认为绩效表现不佳的员工进行一周的绩效观察，并进行记录，一周后对其进行一次有建设性的负面反馈，并总结心得；
✓ 对向你汇报的、绩效有偏差的员工进行诊断，写出简明扼要的报告；
✓ 在某个主要任务结束后，向负责人进行客观、全面、具体的反馈。

- **授权委责：**
✓ 分析你手头的工作，明确哪些是你必须自己做的、哪些是可以逐步授权出去的；
✓ 在团队内部寻找一位学习力和动力都不错的下属，提高其工作的自主性，并观察效果；
✓ 请下属向你反馈，你可以在哪些方面更加放手；
✓ 请上级指导，你可以在哪些方面更加放手；
✓ 分析自己不愿意授权的可能原因。

- **发展他人：**
✓ 为某位有潜力的下属安排拓展型工作任务；
✓ 与下属一起分析，要想表现得更好，他们最需要提升哪种技能或者突破哪种心智模式；
✓ 及时对下属的工作表现进行反馈；
✓ 询问下属哪些工作对他们已经没有锻炼价值，并尝试调整他们的工作内容；
✓ 鼓励下属从错误中总结经验；
✓ 鼓励有潜质的下属参加开阔视野的任务，特别是参加跨职能的工作小组。

- **打造创新团队：**
✓ 多为具有创造性的员工留出自由空间；
✓ 鼓励员工提出问题，不要急于寻找答案；
✓ 对因创新出现的错误和失败采取宽容的态度；
✓ 尝试推出一款新产品或一套新流程；
✓ 必要时采用书面头脑风暴法，鼓励员工提出更多创意。

EASE 模型在测评反馈和个人发展计划中的应用

EASE 模型的四因素在测评反馈和个人发展计划中的应用如表 9-1 所示。

表 9-1　　　　　　　EASE 模型的四因素在测评反馈和个人发展计划中的应用

EASE 因素	具体应用
评价	• 对学员进行 360 度评估，学员可获得全方位的评价信息 • 对学员进行性格测评，帮助学员理解自己的偏好和相关行为 • 在情景模拟测评之后，同事之间可互相进行结构化反馈 • 学员在实际工作中践行个人发展计划，将不断地评价个人进步情况
觉察	• 测评后，人才发展专家会向学员进行测评反馈，帮助学员发现自己的优势和需要进步的领域，尤其是结合情景模拟录像回放进行反馈将更有助于学员自我觉察 • 在情景模拟测评的过程中，学员会将自己的表现与其他学员进行比较，发现自己的优势和不足
支持	• 人才发展专家在测评反馈过程中会创造一种安全的、支持性的环境，以尊重的方式，帮助学员发现自我，给予有测评依据的反馈，鼓励学员扬长补短 • 在践行个人发展计划的过程中，直接上级、导师和教练会进行有针对性的帮助
历练	• 在完成情景模拟类测评任务过程中，学员会遇到很多有挑战性的事情和多样化的观点 • 在接受反馈时，学员可能收到与自己预期不一致的评价 • 在个人发展计划中关于提升能力的策略中，大部分策略都属于历练的范畴

HIPOS

第 10 章

导师指导与教练辅导

导师指导（mentoring）和教练辅导（coaching）属于个性化的领导力发展方法。区别于课堂培训和行动学习等方式，这两种方法更关注学员个体的差异化需求。

指导他人，需要做到微妙的平衡：你不是在创造自己想象中的对方，而是给予他们创造自己的机会。

——史蒂文·斯皮尔伯格（Steven Spielberg）

导师指导

"导师"一词最早起源于荷马史诗《奥德赛》(*Odýsseia*)中的人物曼托尔,他是奥德修斯的好友。奥德修斯在参加特洛伊战争时,委托他来抚养和教育自己的儿子忒勒马科斯。

导师指导就是经验丰富的导师为经验较少的学员在职业发展方面提供支持。相对而言,导师更多地关注学员个人的长期和专业发展,而较少关注他们具体技能的提升。

导师指导的益处

使用导师指导的方法培养高潜人才是很多企业的标准选择。在财富500强企业中,大约71%的企业都使用了内部导师制,有效地向组织未来的领导者传递知识和经验。这种方法将让学员、导师和组织三方均有获益。

1. 学员获益

学员是导师指导的主要受益者。经过导师指导,学员有如下获益:提高工作效率,更有创造性地开展工作,更快地适应角色,工作也更投入;获得社会心理支持;更加明确自己的职业发展方向和个人才能;提升了知名度,拓展了关系,增加了晋升机会。

2. 导师获益

在指导学员的过程中，导师能够有如下获益：获得个人成就感；学会如何帮助他人发展；赢得尊重和认可，树立起善于培养人才的个人形象；了解学员所在领域的最新变化。

3. 组织获益

在导师指导学员的过程中，组织能够有如下获益：发展并保留人才；吸引人才；知识转移，有价值的知识得到了整理和传播。

导师扮演的角色

高潜人才项目中的导师指导往往较为正式。导师主要扮演职业指导以及情感和心理支持两种角色。

1. 职业指导角色

导师在扮演职业指导角色时能够为学员提供以下帮助。

（1）帮助学员觉察自我。导师能够帮助学员深入了解他们的发展需要、优缺点，并提供反馈。

（2）提供职业发展建议和发展机会。由于导师既有丰富的经验，又有一定的影响力，因此他们可以帮助学员理解组织的真实情况，并获得展示自己甚至晋升的机会。例如，导师可以为学员提出关于在组织内部的职业发展路径的建议。当然，导师在提出这些建议之前需要与学员的直接上级进行商议。学员可以自行决定是否接受导师的建议。

（3）帮助学员分析他们所面临的困境和问题。此时，导师扮演了思考伙伴的角色。

（4）知识传授。高潜人才需要更广泛地了解职能领域的特定知识和组织的业务知识，导师可以指导高潜人才快速地获得并掌握这些知识。

2. 情感和心理支持角色

当导师和学员之间建立起更深入的关系时，导师还将扮演情感和心理支持角色，发挥以下作用。

（1）信任与鼓励。导师能够帮助学员树立自信心，提高自我效能感和身份认同感。

（2）倾听与咨询。当学员情绪或状态不好时，导师可以扮演听众的角色。

在高潜人才项目中，导师主要为学员提供职业发展方面的支持，而在情感和心理支持方面所发挥的作用较小。

导师选择

高潜人才项目的导师既可以来自组织内部，也可以来自组织外部。大多数组织都会选择内部导师。一位导师可以同时指导多位学员。导师的职务层级应足够高，建议高出学员两级，但最好不要超过两级。一般情况下，导师不是学员的直接上级，而是来自其他职能部门的管理者。有的组织会为针对管理培训生的高潜人才项目安排双导师，即职业导师和专业导师。

导师需要具备哪些特点呢？我们使用卓越画像模型对卓越导师进行了画像，如表10-1所示。

表10-1　　　　　　　　　导师角色的卓越画像

卓越画像的五因素	导师角色
知识技能	有丰富的知识储备和技能/专长，包括与行业或组织相关的知识、专长或/和技能
经历	在本组织工作的时间较长，熟悉组织的规范和文化
胜任力	• 人际能力：尊重人，值得信任；善于建立密切关系；对组织内部关系敏锐；口头和非言语表达能力强；情商高，能够察觉自己和学员的情绪 • 培养他人的能力：乐于倾听；善于提问；愿意反思和分享自己的经历（包括失败的经历）；能够清晰地给予建议
职业动力	• 发自内心地愿意培养和帮助人，而不求回报 • 能花时间投身于指导
性格	• 具有成长型思维和良好的学习态度 • 富有好奇心，对新事物持开放的心态

导师与学员的匹配度很重要。当导师与学员在价值观、性格和工作方式上出现分歧时会形成有害的指导关系。因此，组织不应随机匹配导师和学员，而应考虑实际需要和文化因素的影响，并征询双方的意见。例如，如果高潜人才项目的主要目的是增进学员对不同职能的了解，我们就会建议由其他职能领域的更高层级的领导来担任导师。

对导师和学员进行培训

如果组织没有实施过导师指导,就需要对学员和导师进行适当的培训,并让学员的直接上级知晓指导的情况,以消除不必要的顾虑和误解。

1. **导师培训**

如果导师第一次扮演这个角色,就需要让他们理解导师的角色以及如何给出建议;需要让导师认识到,他们应以学员为中心,将自己视为学员的伙伴,并通过反思自己的经历,与学员一起学习、一起增长智慧。对很多高层管理者而言,在担任导师时需要摒弃下指令的习惯,也就是说,他们可以给出建议,但不是命令。导师需要明白,学员仍然是由其直接上级来分派工作以及进行绩效评价和奖惩的。

另外,还需让导师意识到,学员可能会给他们带来新的观点和视角,他们可以向学员学习。

2. **学员培训**

在培训学员时,组织需要让学员了解以下内容。

(1)学员在指导过程中的角色。学员需要对自己的职业目标和需求有清晰的想法,必须知晓自己想从指导中获得什么,所以应在确定讨论主题、会谈时间、具体需要哪些帮助等方面发挥主导作用,从而对自己的进步负起责任。学员需要做出在特定期限内拓展何种才干、取得哪些专业成果等承诺。

(2)学员需要主动寻求帮助,需要主动与导师一起探究面临的问题及其解决方案。

(3)即使导师有丰富的知识和经验,学员也不应将他们的建议拿来即用,而应进行独立思考,并根据个人情况来决定采纳什么建议。

(4)学员应持有开放的心态,乐于学习,乐于尝试使用新的方法。

(5)学员与直接上级产生意见分歧时应与直接上级解决,而不应请导师干预。

(6)学员可以向导师提出有价值的观点。

(7)学员应主动寻求并接受建设性的反馈,并采取相应的行动。

(8)学员应留出专门的时间接受导师指导,并提前做好相关准备。

3. **向学员的直接上级介绍情况**

在实施导师指导项目时,学员的直接上级可能会有所顾虑,他们可能会想:我的下属要向导师汇报工作?导师会给我的下属安排工作吗?下属做什么我还说了算吗？谁对学员的绩效评估负责？要是我觉得导师给的建议不好呢？他们会议论我和我的决定吗？

为了消除这些顾虑，指导项目开始之前，导师应该用一个小时左右的时间向学员的直接上级介绍项目的整体情况，尤其应说清楚导师扮演的角色，以打消他们的担心和顾虑。

建立成功的指导关系

指导关系需要导师和学员双方来管理和培育，需要双方清晰掌握指导流程，并对此达成一致意见。那么，导师和学员应如何建立并保持成功的指导关系呢？

1. 相识相知

导师和学员只有彼此了解，才能建立信任关系，但这是需要时间的。双方需要了解的内容包括对方的背景、经历和业余爱好等。

2. 明确流程、期望和责任

导师和学员双方应明确以下内容。

（1）如何发起联系和进行响应？

（2）如何安排沟通的时间、地点、频次和方式？

（3）保密约定。

（4）指导范围：哪些方面可以指导，哪些不可以？

（5）如何反馈：双方对给予反馈和接收反馈的期望是什么？

（6）目标和责任：双方想从这个过程中得到什么？希望对方负起什么责任？

3. 实施指导

每次指导都应以学员的个人发展计划作为起点。面谈之前，学员可以向导师列出想要讨论的重点议题，便于导师做好准备。在指导过程中，讨论主题可以根据实际情况灵活调整。

4. 过程反思评估

每次面谈之后，双方都需要自问：指导关系是积极有效的吗？做出上述判断的依据是什么？如果想要提高下次面谈的效果，我需要做些什么呢？我需要在哪些方面继续保持？我需要做出哪些新的行为？

5. 圆满结束

导师结束指导时，双方应进行行动后反思，如，我最大的收获是什么？最有价值的是什么？最值得感激的是什么？并向对方表达感谢。

导师指导项目的跟踪、支持与评估

导师指导项目往往会持续半年到两年的时间。项目负责人应持续跟踪项目的进展是否顺利，每半年或一年进行一次回顾。衡量项目是否进展顺利的指标包括学员的晋升情况、学员与导师见面的频率、指导关系的质量、知识和技能培养以及提升的效果、对项目的满意度等。其中，见面频率至少每月一次，初期需要更频繁一些。虽然有定期见面的要求，但也可以根据实际情况灵活调整。通过跟进，项目负责人可以确保定期与学员和导师沟通，以便发现问题后及时进行调整。在项目开展的过程中，项目负责人还可以向导师和学员提供工具和资源支持，如提供成长记录手册或相关活动的指导。最后，项目负责人需要对项目进行最终评估，并制作导师项目评估表（如表10-2所示），为今后更好地开展导师指导项目提供宝贵的经验。

表 10-2　　　　　　　　　导师项目评估表（上半年）

评估内容	评价等级
指导关系运转良好	1 2 3 4 5
定期按时见面	1 2 3 4 5
指导时间恰当	1 2 3 4 5
已经明确了学员个人和职业的发展问题	1 2 3 4 5
已经清晰设定了指导的目的和目标	1 2 3 4 5
已经与学员建立信任，并承诺保密	1 2 3 4 5
导师/学员认真倾听，并积极反应	1 2 3 4 5
在设定的发展领域看到了进步	1 2 3 4 5
指导过程中遇到的障碍已经得到了解决	1 2 3 4 5
接下来六个月要讨论的主题已经确定	1 2 3 4 5
项目正在满足预期	1 2 3 4 5
指导关系应保持下去	1 2 3 4 5

导师姓名：
学员姓名：
其他建议：

教练辅导

教练辅导与导师指导的区别

教练辅导是指通过发展性的交谈（如提问的方式），引导学员提升能力和/或达成特定的绩效目标。教练辅导是释放学员的潜能，并使其绩效实现最大化的过程。教练辅导侧重于能力的培养，其过程具有很强的启发性，能够激发学员做出明智的决策并采取相应的行动。教练辅导过程中的谈话是以任务、行为或目标为导向的，侧重于中短期结果和目标。

而导师指导是导师向学员传递他们需要的知识和经验，主要目的是促进他们职业的长远发展。为此，导师会提供建议以及分享个人故事和案例等。因此，导师需要具备与学员工作相关的经历，以及具体岗位、职业或者专业方面的知识。

教练辅导对学员的益处

教练辅导是培养高潜人才的工具之一。与导师指导一样，教练辅导可以满足每位学员个性化的发展需求。通过教练辅导，学员可以获得新的视角，并在以下三个方面获益。

1. 能力提升。教练可以帮助学员以更加灵活的学习方式掌握新的能力，特别是沟通和影响能力。例如，如何与高管、朋辈、下属更有效地沟通以及如何使战略在本部门落地。

2. 思维进化。教练可以帮助学员建立新的思维方式，转换新的视角，拥抱新的想法，并给予他们更多的信心去将这些想法变成现实。

3. 学员遇到挑战性任务时可以与教练讨论，并在解决具体问题的过程中及时学习。

教练的选择

1. 教练来源

教练既可来自组织内部，也可来自组织外部。来自外部的教练往往是那些取得了专业认证且经验丰富的教练，他们的优势在于受过更加系统的专业训练以及更了解外部的信息和趋势。而常见的来自内部的教练有朋辈教练和来自人力资源部门的教练等，学员的直接上级也可成为教练。由于组织需要培养更多的高潜人才，内部教练更了解组织的业务和文化，更便于与学员沟通和观察学员的实际表现，因此组织对内部教练的需求正在不断增长。

2. 教练的卓越画像

对教练进行的卓越画像如表 10–3 所示。

表 10–3　　　　　　　　　　　　教练角色的卓越画像

卓越画像的五因素	教练角色
知识技能	教练对学员所需的知识或技能有深刻的理解和洞察
经历	• 教练应该接受过相关的教练培训，并有一定的教练经历 • 有较丰富的管理和领导经验
胜任力	• 善于倾听，特别是能听出和理解言外之意 • 培养他人的能力：主动倾听、有力提问、给予反馈、自我觉察
职业动力	愿意培养和帮助他人，从他人的成长中获得满足感
性格	• 成熟。尤其是内部教练需要对组织内部的人际关系具备敏感性，并做好保密工作 • 可靠。特别是内部教练，可靠性和可信度是最重要的，没有这个基础，别的技能再强也没有用

教练培训

对教练进行的培训主要包括以下内容：主动倾听和有力提问；复述；平衡挑战和支持；简练表达；教练模型，如 GROW 模型、COA-CH 模型；给予和获得反馈；自我觉察；同理心；解决冲突。

在教练培训中，学习如何提问是核心内容之一。教练的一个重要角色就是使学员对新想法持开放态度并相信自己。教练不应只是直接告诉学员做什么，而是问学员他们认为自己应该做什么，最终帮助学员自己找到解决问题的答案。当遇到以下三种情况时，教练可以使用提问这种方式，挑战学员的思维过程，鼓励学员质疑问题背后的信念和假设，表达出他们潜在的真实想法：当教练对学员遇到的难题不知道怎么办或不确定怎么办时；当教练相信学员能够解决这个问题，但学员缺乏信心时；在寻找一个更好的解决方案时。

提问可以围绕 GROW 模型展开。该模型是由绩效教练约翰·惠特默（John Whitemore）于 20 世纪 50 年代提出的。GROW 模型包括以下四个步骤。

（1）目标（goal）：学员的目标或者教练谈话的目的是什么？

（2）现实（reality）：当前的现实情况如何？

（3）选项（options）：从现状到目标有哪些方案可以选择？

（4）意愿（或前进计划）【will（or way forward）】：学员选择了哪项行动计划？学员接下来将要做什么？到何时完成计划？前进中会遇到什么阻碍？

我在这里为大家介绍另一个模型，即 COA-CH 模型。运用该模型时可遵循以下四个步骤，如表 10-4 所示[①]。

表 10-4　　　　　　　　　　　教练辅导 COA-CH 模型

步骤	举例
步骤一：当前状况（current situation） 描述和利用数据、反馈和学员的感知。侧重于获得对被学员和其他人感知到的当前状况的相互理解。对现状获得清晰的相互理解，对于设立清晰、现实的发展目标是必需的	问题：你认为你的团队调查结果揭示了什么优势 陈述：请说出一个关于团队利用优势导致对利益攸关者产生影响的实例
步骤二：目标（objectives） 定义教练的目标、预期结果以及可以衡量的指标（为一次会谈和整个教练过程）。目标设定需考虑个人、团队和组织的需求	问题：你希望今天的回顾面谈达成什么目标 陈述：请告诉我，你希望今天面谈取得哪些成功的结果
步骤三：选项（alternatives） 为达成设定的目标而探索多种途径。头脑风暴、情绪和逻辑探索是教练谈话的组成部分	问题：团队抓住这次机会的三种方法是什么 陈述：那是一个解决方案。请帮我理解如何达成团队的整体目标
步骤四：选择（choice） 支持学员做出最后的行动选择，包括第一步做什么、里程碑以及教练行动计划的其他元素	问题：你希望你的团队如何前行？ 陈述：请向我描述一下你接下来的行动计划

发挥朋辈教练的效力

朋辈教练也叫同侪教练，以其成本低、效果好而越来越得到各种组织的认可。朋辈教练是平级同事互动合作的一个过程，在学员心智模式和行为的转变过程中起到相互支持和促进的作用。这是一种自主导向的学习，也是一种社会学习。朋辈教练可以面对面进行，也可以线上进行；可以一对一进行，也可以几个人（3~6 人）一起进行。

朋辈教练发挥的不是导师的作用。当学员面对挑战时，导师会利用自己的经验和专长与他们分享诀窍，并提供建议和指导。而朋辈教练是内部教练的一种形式，

[①] 摘编自《建设教练型组织》（*Building a Coaching Organization*）一书。

虽然遵循教练的流程和方法论，但更多的是倾听、鼓励、支持和提问等。

表10-5对比了不同的教练类型，供大家参考[①]。

表10-5 教练类型比较

教练类型	绩效教练	专业或高管教练	咨询	导师指导	朋辈教练
目标对象	员工	专业人才或高管	个体	个体或员工	个体或专业人才；高管
教练角色	上级；人力资源人员；外部教练	拥有职能或行业专长的外部教练	心理学家；社会工作者	可信的顾问；更有经验或职位更高的管理者	朋辈（和引导师）
教练目的	对学员当前工作表现提供反馈，为绩效改进提出建议	为了达成理想的结果而提供意见和建议（如提高营收增速或获得新技能等）	提供情感支持和结构化过程；接纳个体后探索和解决个人问题	就职业的相关目标提供反馈和建议；扮演角色示范	提供个人和专业支持

在朋辈教练过程中，教练可以问清晰且发人深省的问题，提供基于经验的观点，询问进步情况，提供情感支持，但不要提供建议。学员可以描述要获得的结果，发现妨碍目标实现的障碍，区分事实和假定，主动倾听并回答问题，制订行动计划，报告自己的进步情况。

朋辈教练还可以是正式培训项目中的一个环节。学员可以分小组针对一个与培训内容相关的主题，以互为教练的方式互相探讨；或者在课堂培训后，小组成员进行再次学习时，以互为教练的方式来解决在实践中遇到的问题。

对学员个人而言，朋辈教练过程使他们可以了解他人的观点，帮助自己转换行为和心智模式，设定并达成目标，提高绩效和敬业度。这个过程还可以帮助他们获得支持感，而不会感到孤独无助。朋辈教练过程中所学会的技能，如主动倾听、正确提问、帮助他人找到答案而不是直接给建议等，都可以应用于其他工作场景。另外，对新生代员工而言，朋辈教练有助于提高他们的敬业度。微软公司曾在高潜人才项目和校园招聘项目中使用过朋辈教练这种方式，公司管理层认为这种方式特别适合新生代员工。

[①] 摘编自美国培训与发展协会《资讯线》杂志于2011年第1106期刊登的《朋辈教练的威力》（*The Power of Peer Coaching*）一文。

对组织而言，朋辈教练也有很多益处。第一，节省成本，这种教练方式可以应用于更多的员工，而不仅用于高潜人才或高管，毕竟，聘请外部教练的成本比较高。第二，学员互为朋辈教练都将有所收获，有利于建立协作关系（不同部门之间可以增加联系和互动）和培养积极发展人才的组织文化。

如果你想更多地了解朋辈教练，那么你可以阅读本章最后关于朋辈学习圈的内容。

EASE 模型在导师指导和教练辅导中的应用

EASE 模型在导师指导和教练辅导中的应用如表 10-6 所示。

表 10-6　　　　　　　　　EASE 模型在导师指导和教练辅导中的应用

EASE 因素	具体应用
评价	• 导师获得学员现状信息，对其（包括能力水平、自我意识等）进行评价 • 交谈过程中，学员通过导师/教练的引导对自己的认知、思维和行为方式进行评价
觉察	• 在导师指导后，学员对自己的职业发展或特定领域的知识、经验有了更加准确的自我认知并产生了进一步发展的触动 • 在教练辅导之后，学员对自己的优势和盲点有了更准确的自我觉察，产生了进一步发展的触动
支持	• 导师通过介绍自己的经验为学员在职业发展方面提供支持 • 教练通过倾听和提问，帮助学员确定什么是最重要的，并鼓励学员发挥个人优势和运用可获得的资源来消除障碍和解决问题 • 导师和教练扮演心理支持者的角色，当学员成功时给予称赞，当学员遇到失败时给予安慰和鼓励
历练	• 在教练辅导过程中，教练通过与学员对话，创造新的要求与学员现状的不平衡感，使学员思考自己行为背后的思维、动机和情感模式 • 学员在教练辅导后确定有挑战性的发展目标

> 延伸阅读

朋辈学习圈[①]

一般情况下，朋辈学习圈可以由5~6位学员组成，由一位学员自愿担任被教练者的角色（有时称为"挑战性问题拥有者"），另一位学员自愿做计时员。这些学员进过六个步骤，进行朋辈学习，每次学习45~60分钟。朋辈学习的六个步骤的具体内容如表10-7所示。

表10-7　朋辈学习的步骤

步骤	时间	行动
介绍参与规则	1~3分钟	小组成员进行自我介绍。若需要，建立基本规则（如保密等）
呈现	5分钟	被教练者描述他/她想解决的问题或遇到的挑战，以一个挑战性问题（而不是陈述句）作为结束。如，问"为了提高我的管理团队的能力，我能做些什么"而不是"在管理我的团队方面，我需要大家的帮助"
静默、反思和分享	10分钟	包括被教练者在内的所有的小组成员可以在卡片上写下问题。问题是开放性的，并以第一人称"我"来提问，如"是什么阻止我前行的"。引导师提醒大家不要给出主张、建议或者伪装成提问的陈述。然后，被教练者大声读出自己的问题，大家也这样做。此时，谁都不回答或者讨论这些问题。被教练者可以记下这些问题，便于后续跟进。每位成员读完问题后将卡片交给被教练者进行反思。另一个可以选择的方法是，为了提出更多问题，小组可以再进行一轮静默、反思和分享
建议、需求和接续行动	10~15分钟	小组成员为被教练者提供建议或帮助。如，"为今天出现的问题每天写日志"或"很高兴与你分享我遇到的类似经历"。他们在卡片上写下这些内容。被教练者写下任何请求同伴支持的具体要求，如要求推荐相关书籍、文章等。小组成员将卡片交给被教练者，他大声朗读出来。然后，被教练者读出他对小组成员的要求
反馈	5分钟	被教练者分享朋辈教练为其提供了哪些帮助
收获	5~10分钟	小组成员静默、反思，并写下从这个过程中学习、洞察、觉察、共鸣到了什么，或他们可能采取的后续行动。他们可以选择与其他人分享这些收获

[①] 摘编自美国人才发展协会《人才发展实用手册》刊登的《朋辈教练：未来趋势》（Peer Coaching: the wave of the future）一文。

HIPOS

第11章
学习旅程设计

  如何将课堂培训、行动学习、发展型任务和轮岗、测评反馈与个人发展计划、导师指导和教练辅导等进行整合，并综合应用于高潜人才项目，让学员得到良好的学习体验，并加速他们的发展是学习旅程要解决的核心问题。

  基于学习旅程理念设计并实施的高潜人才项目更符合现代人才发展的理念，也更适合高潜人才的培养。

> 不闻不若闻之，闻之不若见之，见之不若知之，知之不若行之，学至于行之而止矣。
>
> ——荀子

学习是一个旅程，不是一个事件

我们在第 6~10 章依次介绍了高潜人才发展的五种方法，即课堂培训、行动学习、发展型任务和轮岗、测评反馈与个人发展计划、导师指导和教练辅导。如何将这些方法整合并综合运用于高潜人才项目，让学员得到良好的学习体验，并加速他们的发展是本章要解决的核心问题。

随着技术赋能学习过程、设计思维的启发和"以终为始"理念的深入人心，"学习是一个旅程，不是一个事件"的理念得到了全球人才发展专家和实践者的认同。单一的学习事件的效果是暂时的，而学习旅程强调的是持续学习，并能够真正促使行为发生改变。

在学习旅程中，学员能够在精心设计的、融合多种发展方法（如课堂培训、线上自学、行动学习、导师指导和在岗实践等）的混合式学习模式中成长。学习的关键是达成特定的学习目标，这就需要考虑学习方法和学习内容的恰当匹配。与传统的课堂培训或其他单一的发展方法（如线上学习、导师制等）相比，基于学习旅程理念设计并运行的高潜人才项目更符合现代人才发展的理念，也更适合高潜人才的培养。高潜人才的培养需要更多的质变学习带来的垂直发展，单一的发展方法很难达到这样的效果。

基于学习旅程理念设计并运行的高潜人才项目的特点如下。

1. 定制化

定制化体现在组织可以根据战略、文化、管理风格和学员需求对学习旅程"量体裁衣"。项目设计应以终为始，并与组织未来的业务发展战略紧密联系。

另外，组织既需要针对学员群体的需求设计发展方法，也需要针对学员个人的需求设计发展方法，即应满足个性化需求。

2. 整合化

学习旅程中的多种人才发展方法应该结合起来，相互补充和支持。例如，如果直接上级在学员在岗历练时能及时提供反馈，就可能会加速他们的成长。另外，组织需要合理规划所使用的发展方法的先后顺序，例如，可以先进行课堂培训，再实施行动学习，这样既能够创造学以致用的机会，又能够让行动学习获得信息输入。

3. 强调学习转化

学习旅程非常强调学习转化的发生。学习转化是指学员在完成学习之后，行为发生了真正的变化。这就需要采取有力的强化措施。每段学习旅程均应包含学习转化环节。在大多数情况下，我们不能期望仅依靠一个课程就能真正地解决问题或实现绩效提升。要实现真正的学习转化，就需要确保所有的强化措施到位。就课堂培训而言，要实现学习转化需要做好以下工作。

（1）在分析发展需求阶段就让学员及其直接上级参与进来，并表达他们的诉求。

（2）在课堂培训结束后，安排行动学习或其他类型的学以致用的任务。

（3）经过一段时间的在岗应用之后，跟进学员的实践情况，组织答疑和指导。

就行动学习而言，不仅要探讨出解决方案，还要跟进方案的落地，看到行动效果。只有形成闭环，才能形成真正的学习。

4. 强调质变学习

学习旅程能够触发个人有意义的改变感。为了实现质变学习，学习旅程尤其强调在真实的情境中学习，也就是在学员之间以及学员与导师、教练和直接上级的交谈中学习。要将信息转化为个人知识，就需要将所学应用于真实场景中；个人知识要转化为智慧，就需要学员与他人切磋，从他人的经历中学习，同时更需要寻求高人指点，形成新的视角和新的洞察。

学习旅程的构成和设计

学习旅程的构成

我们借用 Newton Europe 公司学习与发展负责人黛安·劳（Diane Low）的 EPIC 框架来阐述学习旅程的构成。epic 这个英文单词的意思是"史诗"，象征着学习之旅是神圣的。在 EPIC 框架中，每一个字母都代表着一种发展方法，这些方法的重要性逐渐减弱。E 代表历练（experience），是第 8 章提到的发展型经历和轮岗；P 代表人（people），指的是要从与他人的互动中学习，包括测评反馈、导师指导、朋辈教练、行动学习、上级指教和在线研讨等；I 代表调查（investigation），指的是从信息（包括即时的资源、文章、视频、手册等）中学习，而在个人发展计划中，调查将作为一种发展方法；C 代表课程（courses），包括正式的线上学习或面对面的课堂学习等。

组织要想了解在学习旅程中融合哪些发展方法才能服务于项目的最终目标，就需要回答如下问题：在现实环境中，实践这项技能有多重要？有机会安排拓展性任务或特别项目来强化技能/行为吗？学员需要一起工作以产生解决方案吗？即时反馈有多重要？有专家提供指导吗？内容需要因需随时接触到吗？提供视频、建议工具类表格有用吗？学员有没有机会接触到这些资料？在一个群体中工作会提升学习效果吗？在安全的环境中实践很重要吗？

在学习旅程中，学员应清楚自己需要拓展的领域，并应用不同的发展方法来提升才干。另外，在应用所学时，学员也应有支持人帮助自己应对挑战。

学习旅程的设计

学习旅程设计的目标是确保合适的发展方法用在合适的时间、合适的地方和合适的人身上。在设计学习旅程时，组织应以学员为中心，遵循学习和成长规律，围绕促进学员"爱学、会学、愿用、用好"进行精心设计，以确保学习效果最优。设计时应同时涵盖内容和过程两个方面。内容设计主要是指各个领导力发展方法之间如何有机配合的设计；过程设计主要是指提高学员学习热情和学习转化的方法和机制的设计。下面我们以基层管理者后备人员高潜人才项目的学习旅程为例，来说明如何设计学习旅程（如表 11-1 所示）。在整个学习旅程中，每发生一项学习活动，学员均需撰写学习日志，以全程记录学习过程。

表 11–1　　　　　　　　　基层管理者后备人员高潜人才项目的学习旅程

四次集中	发展模块和学习主题	学习内容	学习目的	对应EPIC因素	参与者
第一次集中：领导自我模块	开班典礼	上午：拓展活动 下午：开班典礼	破冰、获得高层领导的重视、听到高层领导的期望	P	公司高层领导
	第1学习主题：认知管理者角色	基层管理者角色认知 有经验的人分享	促进从骨干向管理者转型	C P	外部讲师 内部领导
	第2学习主题：认知自我	领导者自我认知	理解自我认知的意义、内容和方法	C	外部讲师
	第3学习主题：测评+反馈	360度评估 案例研究+案例研讨+行为访谈 测评反馈	了解自我优势、风格和发展需求；推荐个性化学习内容和相应资源	P	外部人才测评专家
	第4学习主题：领导力自我发展方法	领导力发展策略 有经验的人分享	掌握领导力发展的721策略，学会制订个人发展计划	C P	外部讲师 内部领导
	第5学习主题：业务专题	***	***	C	外部讲师
	启动导师指导计划		学员和导师各自了解在导师指导中的角色、责任和行为，为成功的导师指导奠定基础	C	外部讲师、导师
	"领导自我"模块学以致用；在支持人的帮助下制订个人发展计划		结合自我评估和目标管理者角色需要制订个人发展计划	E+P	人才发展专家、导师、直接上级

续前表

四次集中	发展模块和学习主题	学习内容	学习目的	对应EPIC因素	参与者
第一次集中：领导自我模块	"领导自我"模块学以致用；行动学习（将"员工自我发展"理念落到实处）		在实践中应用自我认知与自我发展方法，加深对自我发展的认识	E+P	行动学习教练
	第一次集中结束两周后，业务专题讲师线上答疑		实现学习转化	P	外部讲师
	三个月的在岗工作，在导师指导和上级的支持下践行个人发展计划，落实行动学习计划，包括自学测评后推荐的学习资源		实现学习转化和个性化学习	E+I	导师、直接上级
	三个月的在岗工作期间，学员在线互动学习，有问题向讲师提问，并提交一份在岗应用所学的实际案例和总结		实现学习转化	E+P	讲师
	三个月的在岗工作期间，学员在线学习下次集中学习时的课程，如"全面绩效管理""打造卓越团队""激励他人"等		系统学习相关主题的基本知识和技能	I	线上答疑专家
第二次集中：领导他人模块	第一次集中确定的行动学习项目汇报		通过与高管互动和高管的点评提高全局意识和站位高度	P	高管评委组
	第6学习主题：绩效管理	全面绩效管理	掌握绩效计划制订、绩效检核和辅导、绩效评价与面谈的技能	C	外部讲师
	第7学习主题：调动员工积极性	激励他人过来人分享	掌握通过共享愿景、认可、奖惩等手段调动员工积极性	P	外部讲师、内部讲师
	第8学习主题：塑造团队	打造卓越团队	掌握建设一个凝聚力、协作力和战斗力强的团队的策略	C	外部讲师
	第9学习主题：业务专题	***	***	C	内部讲师

续前表

四次集中	发展模块和学习主题	学习内容	学习目的	对应EPIC因素	参与者
第二次集中：领导他人模块	第10学习主题：企业文化	学员经历和看到的关于企业价值观的故事	更好地认同组织，提高敬业度	P	内部领导
	"领导他人"模块学以致用；帮助直接上级辅导一名业绩落后的员工		将课堂学到的绩效辅导技能用于实践，增加实践经验，并转化为个人知识	E	直接上级
	"领导他人"模块学以致用；实践任务（学员之间相互辅导实际工作中比较困惑的难题）		通过行动学习将课堂所学到的绩效辅导技能付诸实践	P	行动学习教练
	"领导他人"模块学以致用；回到自己所在团队进行激励环境调研并提出改进建议		实现学习转化	E	直接上级
第二次集中结束两周后，业务专题应用线上答疑			实现学习转化	P	内部讲师
三个月的在岗工作，在导师指导和上级的支持下践行个人发展计划，落实行动学习计划，包括自学测评后推荐的学习资源			实现学习转化和个性化学习	E+I	导师、直接上级
三个月的在岗工作期间，学员在线互动学习，有问题向讲师提问，并提交一份在岗应用所学的实际案例和总结			实现学习转化	E+P	讲师
三个月的在岗工作期间，学员在线学习下次集中学习时的课程（"问题分析与解决"）			系统学习相关主题的基本知识和技能	I	线上答疑专家
第三次集中：领导业务模块	第二次集中时实践任务（困惑辅导）执行情况总结汇报（组内完成）		督促学员落实上次集中时同伴辅导后的行动计划，实现学员之间的相互学习	P	高层领导
	第11学习主题：问题解决	问题分析与解决	掌握有效分析问题和解决问题的流程和工具	C	外部讲师

172　高潜人才：培养下一代领导者（修订版）

续前表

四次集中	发展模块和学习主题	学习内容	学习目的	对应EPIC因素	参与者
第三次集中：领导业务模块		"领导业务"模块学以致用；行动学习（分组解决高层拟定的问题）	促进学习转化，将问题分析与解决方法应用在实际问题解决中	P	行动学习教练
	第12学习主题：企业战略	当前企业面临的主要挑战和对策	了解内外部环境对企业经营管理的影响	P	高层领导
	第13学习主题：业务专题	***	***	C	内部讲师
		"领导业务"模块学以致用；分组到基层单位调研，诊断问题，并提出改进建议	进一步强化学习，掌握问题分析与解决的方法	E+P	自组织
	三个月的在岗工作，在导师指导和上级的支持下践行个人发展计划，落实行动学习计划，包括自学测评后推荐的学习资源		实现学习转化和个性化学习	E+I	导师、直接上级
	三个月的在岗工作期间，学员在线互动学习，有问题向讲师提问，并提交一份在岗应用所学实际的案例和总结		实现学习转化	E+P	讲师
第四次集中：业务专题暨结业典礼	第14学习主题：业务专题	***	***	C	内部讲师
	第15学习主题：数字化思维	***	***	P	内部讲师
	第三次集中确定的行动学习项目汇报		通过与高管互动和高管的点评提高全局意识和站位高度	P	高管评委组
	结业典礼（总结、表彰、分享和后续的强化学习）		结合个人发展计划实现情况，分享成长心得；表彰优秀学员，激励其持续学习	P	高管、人力资源、直接上级

第11章 学习旅程设计　173

从上述案例中可以看出，学习旅程是多种发展方法的整合和相互补充，强调持续学习和强化学习：整个过程中既有结伴之旅（课堂学习和行动学习），也有个人之旅（个人发展计划、个性化学习资源和导师指导等）；在课堂培训中，内、外部讲师搭配使用，发挥了各自的优势；每一个集中学习环节的课堂学习之后，都安排了相关主题的行动学习或者发展型任务，促进学员将课堂所学转化为个人知识；在整个学习旅程中，穿插了企业文化和战略的渗透。

上述案例中的不同模块是有先后顺序的，即先是探索自我，然后是如何领导他人，最后是如何领导业务。每个模块还对领导力和业务进行了平衡，目的是既关注学员当前业绩的提升，又服务于学员未来的发展。

在设计高潜人才项目学习旅程时，我们需要特别关注以下几个要点。

1. 确定恰当的项目周期

在设计项目时应确定恰当的项目周期。一般来说，高潜人才项目的周期应比其他类型的领导力发展项目长一些。高潜人才的知识与技能、经历、胜任力的发展需要较长时间，学员之间也需要时间相互认识、相互学习。较长的项目周期也便于组织高层深入了解学员。

高潜人才项目具体需要持续多长时间呢？这需要根据需求来确定，不能一概而论。但周期也不宜过长，一方面，过长的周期会降低项目价值，学员中途可能存在离职或倦怠风险；另一方面，有的项目只是为了解决认知层面的问题，时间也不宜太长，如之前介绍的建行银行深圳分行的数字化转型学习项目。一个标准的高潜人才项目，如果是着眼于系统地提升领导胜任力，那么一般需要至少一年的时间，包括四次集中课堂学习。如果能进行两年，那么八至九次（差不多每季度一次）集中课堂学习会更理想。

另外，在设计项目时，应尽量将项目安排为分多个阶段进行，不要只集中在一段时间，这便于开展不同类型的领导力发展活动。如果高潜人才项目能够持续一年，就可以分为三至四个阶段来实施，每一阶段的集中学习时间一般为三天左右，取决于学习主题的复杂性。这样，每三至四个月集中一次，两次集中之间留出间隔时间，便于学员巩固和应用所学，实施行动学习计划。学员在实践期间可能会遇到一些问题，可以在下一次集中时解决这些问题。

2. 合理安排学习模块和学习主题

每次集中学习需按照学习模块来安排主题。学习模块要反映卓越画像的要求，体现发展需求分析的结果。每次集中学习不要安排很多主题，因为主题过多不利于学员理解消化相关知识，提高认知。

关于"知"，美国著名心理学家威廉·詹姆斯（William James）认为，当外界的信号进入人们的意识体系之后，人们会对信号进行改造和催生，形成一个新的结构，"认知"也就诞生了。意识在交流、映射的过程中存在一个过滤和重构的过程。外来的意识经过理解和分化将形成一个独有的、带有强烈混合属性的认知。也就是说，思想在传递过程中发生了改造和重构。

知识是有层次的。"见过"也是一种"知"，但和"通晓"不一样。"我知道"和"我懂"的识别深度、认知水准不一样。因此，对于"认知"，我们更应这样来定义：如果我们对一种事物或者现象挖掘得越少，那么关于它最终与"心"之间的关系，我们知道的也就越少，这时我们就可以将这一层认知关系称为"见过"；反之，如果我们对某一件事情进行过深入的探讨和研究，并且能够发掘出它与"心"之间的深层次关系，那么我们可以认为自己接近于"通晓"。

3. 不要忽视学习旅程中的小憩

学习强度过大可能会让学员感到倦怠，学习保留率也可能会下降。实际上，很多学习发生在学员之间非正式、无结构化的互动中。无论学习内容规划得多么好，都需要留出非正式的互动时间，如晚餐后的自由交流、行动学习小组内面对面交流和线上讨论等。在这个过程中，学员之间可能建立起支持性的、在他们整个职业生涯中都可以用得到的工作关系。

4. 创造与高管互动的机会

与高层互动是需要学员发展的一种能力，也是很多项目的重要目标之一。与高层互动，学员能够直接了解他们的想法，使自己拥有更开阔的视野、更长远的眼光，理解组织的发展方向和变革需求，便于今后全力支持。同时，学员也有机会分享自己的观点，让高层了解他们的个人特点和职业抱负等。

> 延伸阅读

麦当劳公司的领导力发展项目[1]

麦当劳公司的领导力发展项目于2001年启动,分为以下四个阶段,为期6~12个月。

第一阶段

学员初次见面,集中学习的时间为3.5天。这一阶段的学习内容包括:

- ✓ 介绍项目的战略背景;
- ✓ 介绍个人学习旅程;
- ✓ 解释区域经理角色的成功画像,并展示小组整体的画像结果;
- ✓ 初始化的个人发展计划;
- ✓ 启用学习伙伴;
- ✓ "明星"区域经理就业务相关主题进行演讲;
- ✓ 向小组介绍两个行动学习任务;
- ✓ 介绍分支机构的总裁,他们将全程提供支持,以帮助每个学习小组;
- ✓ 制定团队章程,并跟进学员的行动学习任务;
- ✓ 向高管呈现学员行动学习的初步工作成果;
- ✓ 及时记录个人学习情况。

行动学习的任务应与公司高层领导确定的高优先级的具体业务问题相关联。实际上,实际业务事项/问题都是从一系列关键举措中选取的,这些举措都是公司层面制定的蓝图的一部分,旨在推动和支持公司在未来10年内业务规模翻番的目标。通过这种方式将项目内容与业务战略结合起来将使学习更有吸引力、学习体验更加真实,并且输出对业务更有价值的成果。

第二阶段

第二阶段由接下来的90天组成,两个行动学习小组将在这段时间内解决各自的难题。

第一组:识别机会并提出建议,以简化所有区域内的营销和运营工作。

第二组:针对如何实现各地区业务顾问的角色转变提出建议,以支持

---

[1] 摘编自《组织发展和变革最佳实践》一书。

公司的发展目标。

在这个阶段，各小组将多次举行会议，集思广益、完善想法，各位成员执行个人任务（收集数据、访问专家等），并与学习伙伴保持联系，以实现各自的学习目标。

第三阶段

90天后，整个团队将在公司重新集中，向高级管理层介绍他们的结果和建议。

第四阶段

第四阶段涉及高层管理人员，他们实践了学习小组提出的许多想法，并对学员进行了持续的跟进和指导。

HIPOS

第 12 章
高潜人才项目的实施要点

　　高潜人才项目与其他领导力培养项目的最大不同之处在于，学员并没有真正进入目标岗位，所以这造成了项目虽涉及学员当前岗位的直接上级，但培养结果却与其利益关联较弱的结果。我们从实践中总结经验，提出了实施高潜人才项目的六个关键点，即赢得高层重视并使其参与其中；确保各方协调一致和密切配合；开好项目启动会；调动和保持学员的学习热情；促进学习的转化；跟踪并调整过程。

魔鬼存在于细节之中。

——西方谚语

如前所述，高潜人才项目一般由两个部分组成：选拔高潜人才和发展（培养）高潜人才。在实践中，在有学员参加的项目启动会召开之前，高潜人才选拔工作应该已经完成了。本章介绍的"实施要点"聚焦于人才发展方案的实施。

精心设计的学习旅程需要通过有效的实施才能获得成效。高潜人才项目与其他领导力培养项目不同，其最大的特点在于待培养的学员并没有真正进入目标岗位，而是仍处于目标岗位之外的工作环境中。这一特点决定了高潜人才项目实施过程中的独特难点是：高潜人才项目虽然涉及学员当前岗位的直接上级，但培养结果却与其利益的连接较弱，所以可能难以调动他们的积极性。

从实践看，实施高潜人才项目的关键点有六个：

1. 赢得高层重视并使其参与其中；
2. 确保各方协调一致和密切配合；
3. 开好高潜人才项目启动会，踢稳第一脚；
4. 调动和保持学员的学习热情；
5. 促进学习的转化；
6. 过程的跟踪和调整。

以下我们将详细阐释这六个关键点。

赢得高层重视并使其参与其中

获得高层的重视、支持和参与是实施高潜人才项目的重点工作之一。高层是高潜人才项目的最终责任人，理应对培养高潜人才做出承诺，并确保项目的持续开展。在高潜人才项目中，他们需要处理的关键事项包括但不限于以下几点：

- 提供关于课堂培训的主题及其优先级的设想；
- 在高潜人才项目启动会上发言；
- 在学员集中学习的过程中担任演讲嘉宾，并与学员互动；
- 担任讲师，进行教学；
- 尝试发起行动学习项目；
- 担任学员的导师；
- 为学员提供在现实工作中发展的机会；
- 实施人才盘点，评估学员担任新领导角色的准备度；
- 督促直线经理培养高潜人才。

虽然在很多高潜人才项目中，高层管理者也做出了上述努力，但项目还是失败了，这说明高层管理者仅仅有这些行动远远不够，还必须真正关注项目并对项目"心"动。如何才能使高层管理者对高潜人才项目"心"动呢？

第一，应抓住高层管理者的诉求，始终有让高层管理者"心"动的结果呈现。高层管理者的典型诉求之一就是未来需要用人时，有做好准备的人可用。因此，组织应将高潜人才项目作为一个长期投资项目来实施，项目组要紧紧抓住上述典型需求，在汇报项目阶段性成果时，不仅要汇报过程中的动态数据，更要透过数据进行深入分析，给出结论和建议，实时呈现出未来业务趋势和人才发展状态之间的对比，令高层管理者对将要使用的人心里有底，在做出对高潜人才项目和高潜人才追加投资的决策时更有依据。

第二，要让高层管理者成为项目的"拥有者"，而不仅仅是参与者和评价者。项目组往往认为自己是高潜人才项目的"拥有者"，而将高层管理者视为最重要的"客户"，认为他们只对项目拥有最终评价权。其实，这种想法可能使高潜人才项目从一开始就发生角色错位，走向失败。我们推荐的做法是让高层管理者成为项目的"拥有者"，如由高层管理者亲自挂帅或担任项目领导小组组长，将高潜人才项目列为他们的 KPI 指标或重点工作，由他们负责调配资源等。如果能够让高层管理者对高潜人才项目"心"动，并主动成为项目的"拥有者"，那么项目就已经成功了 99%。

我们以中化集团的战略蓝军班项目为例，看看该项目是如何赢得高层支持的。

对于董事长，项目组做出了以下努力：第一，邀请董事长听取项目的诉求，即培养创新人才，推进集团的改革转型；第二，邀请董事长全面指导，出席重要仪式；第三，邀请董事长多次授课。对其他的集团高管团队，项目组做出了以下努力：第一，邀请他们听取项目的诉求，即培养分管业务领域年轻人才，促进业务发展；第二，邀请他们出席重要仪式，授徽授旗，给予课题指导；第三，邀请他们担任项目顾问专家。对五大事业部领导班子，项目组做出了以下努力：第一，邀请他们听取项目的诉求，即培养各事业部年轻高管梯队，确保后继有人；第二，邀请他们评价推荐学员，担任导师和特聘讲师，全程出席"PK"会；第三，为他们颁发特聘导师证书等。

确保各方协调一致和密切配合

高潜人才项目涉及多方主体的参与和配合，所以应明确各方在高潜人才项目中的责任，通过共同合作来达成项目的目标。各方的角色定位清晰之后应明确流程，再通过项目组的协调和沟通，让大家各司其职，无缝衔接，确保项目设计理念得到有效执行，同时保持一定的灵活性，并在行动中反思和调整。

除了高层领导、学员、导师和教练，以下三个角色也将发挥重要作用。

1. 人力资源部门

大型组织中将有专门的部门和人员来负责领导力发展工作，储备和发展不同层级的高潜人才。

人力资源部门要做的关键事项如下：赢得高管对参与项目的承诺，协助他们担当起项目中的角色；在高潜人才选拔阶段，收集、整合和汇报候选人信息；与高管一起确定课堂培训主题和行动学习项目；在课堂培训环节担任观察人员，了解学员的课堂表现；实施360度评估；为学员安排导师，培训导师和学员；在执行导师项目之前，向学员的直接上级介绍项目情况；确定内外部教练，帮助学员执行并实现个人发展计划；对收集的学员评价数据进行整合，在项目后期的人才盘点会之前，向高管介绍情况等。

中化集团战略蓝军班项目的诉求是打造年轻后备梯队，加速公司人才战略落地，所以人力资源部门应承担如下事项：组织培养和行动学习，全面考察学员，记录成绩及反馈；实施项目经理制，提升组织和个人绩效。

2. 项目经理

项目经理负责协调和管理整个高潜人才项目，并向人力资源部门的负责人汇报。在高潜人才项目中，项目经理需要做的关键事项如下：规划项目的模块和学习单元；甄选讲师；安排课堂培训之后的跟进；安排行动学习；请高管担任行动学习项目评委；安排其他高管参与项目，并与学员互动；选择集中学习的地点，安排教务工作；规划和管理项目预算；协调项目进程，确保项目进展顺利；观察学员在整个项目活动中的表现。

3. 学员的直接上级

在高潜人才项目中，学员的直接上级要做的关键事项有：合理安排工作，让学员有时间参加课堂培训，进行行动学习；与人力资源部门、高潜人才项目经理合作，收集学员表现信息；完成对学员的360度评估，并在学员制订和实施个人发展计划的过程中扮演伙伴角色；给学员实践新技能的机会，提供参加项目或轮岗的机会；当学员在日常工作中应用所学时，为他们提供教练和辅导，并给予支持和鼓励。

导师、教练、讲师和学员的直接上级都是学员发展的支持人，特别是直接上级。如果他们缺乏人才培养意识和经验，则需要对他们赋能才能够使他们真正参与进来。组织可以通过以下方式为直接上级赋能。

- 提供项目简介，包括整个项目的设计思路和直接上级的角色定位及其需要做的事项。
- 组织直接上级召开一次专项说明会，借机对他们进行简短有效的培训，或邀请往期项目中表现不错的管理者现身说法。
- 邀请直接上级参加"发展人才"的专项课程，在课程中体现并强调他们需要具备的意识和技能。要让他们明白人才发展的"721法则"，即人的成长70%是发生在历练中，20%是从他人（上级、教练、同伴）那里学习的，10%是从课堂或在线的正式培训中获得的。
- 签订承诺书，确保学员的直接上级能努力实现个人承诺。
- 定期进行交流，确保学员的直接上级对高潜人才项目负起责任。

中化集团的战略蓝军班项目对学员的直接上级的诉求是培养下属，全面提升团队效能与业绩。项目组希望直接上级能够评价推荐学员，全力支持学员脱产集训和研究。同时，项目组通过感谢信、阶段学习汇报、学习承诺书等方式赢得了直接上级的支持。

开好高潜人才项目启动会，踢稳第一脚

1. 项目启动会之前的准备工作

在项目启动之前，人力资源部门应与高层管理者就项目目标达成一致，项目预算应得到批准。然后，召开项目规划会议，参会人包括项目经理、人力资源部门负责人、培训部门负责人和有影响力的高管。项目规划会上需要讨论以下事项：

- 高潜人才项目的总体思路；
- 学员来源和学员人数；
- 项目周期；
- 课堂培训环节的地点和学习主题；
- 行动学习项目的类型；
- 360度评估和其他类型的测评以及制订个人发展计划的流程；
- 导师来源；
- 相关各方角色和责任以及如何赢得他们的支持和积极参与；
- 项目的目标和里程碑；
- 如何进行项目评估。

对上述问题进行讨论之后，项目经理应带领项目团队撰写具体的项目方案和实施细则。

2. 开好项目启动会

首先需要选择合适的参会人。项目启动会的参会人一般有以下四类。

（1）决策人。决策人是项目启动会必不可少的主角。他们是那些对项目具有否决权和评价权的高层领导，尤其是与项目成果关联最紧密的直接分管领导。我们在实施高潜人才项目时遇到过多次以下情况，即在协商项目启动会的时间和参与人员时，项目负责人以高层领导时间难约、启动会的内容与他们无关等为理由，不邀请高层领导参加。事实证明，如果直接高层领导不参加项目启动会，其他参与者就可能不会重视该项目。

（2）组织实施人。包括人力资源部门或培训部门的项目经理，如果有外部机构参与，还包括外部机构的项目经理和核心成员。

（3）学员。毫无疑问，学员必须参加项目启动会，他们需要明确项目的目标和要求，获取关键信息，这样他们才能坚定信心和方向，在项目中积极行动，收获成长和成功。

（4）其他参会人。如学员的导师、学员目前所在部门或机构的负责人、未来目标岗位的直接上级等。原则上，为项目提供资源以及受项目过程和结果影响的人员都应参与项目启动会。

高潜人才项目的启动会一般包含以下基本流程和程序：

- 项目经理进行项目介绍；
- 高层发言；
- 人力部门负责人发言；
- 拜师仪式；
- 导师代表发言；
- 学员代表发言；
- 合影留念。

项目启动会上需要安排各方关键人员发言。关键人员发言是对项目进行公开承诺的最佳时机。有了这样的公开承诺，他们的投入力度和行动力往往更强，项目进展往往更顺畅，最终的效果也更可能达到预期。

高层的发言可以包括以下内容：表示对学员的欢迎，强调公司重视对人才的投资，重视公司的可持续性发展；阐述项目的意义和价值，表明支持态度和重视程度；明确项目的要求和标准；强化项目经理的责任；增强参与者的荣誉感等。

项目经理发言的目的在于公开承诺自己对项目结果所承担的责任和使命，表明项目组具备使项目成功的信心和能力，具体可以包括以下内容：介绍项目的目标，使各方进一步达成共识，有利于所有人向着同一个目标前进；介绍项目的整体安排、纪律要求和考核办法等。

人力资源部门负责人除了表示欢迎之外，还需向大家说明高潜身份意味着项目参与者有更好的机会发展自己，以及能否得到提拔将取决于学员在项目中的表现、日常工作的成绩和机会。另外，也要向大家提出要求，即全身心参与项目。

学员在发言时应着重于公开承诺自己对自身成长发展负责，会全情投入项目，并通过行动获得成长。

导师和其他相关者的发言应公开表达对项目支持的态度，承诺会尽其所能提供资源支持和帮助。

调动和保持学员的学习热情

高潜人才项目实施过程中的核心是调动和保持学员的学习热情。如何让学员在周期较长的高潜人才项目中保持学习热情是一个巨大的挑战。

我们的思路有以下两个方面：第一，在理念上，应以学员为中心；第二，在策略上，内部激励和外部激励应结合使用，寻找调动和保持学员积极性的正确方法。

1. 贯彻以学员为中心的理念

学员是学习过程的中心。每位学员都有自己独特的感知、思维和情感，他们会从所接收的信息和亲身经历中发现和构建意义。因此，输入给学员少而精的信息，使它们与学员已有的知识结构连接起来更有可能帮助他们吸收和转化这些信息。当学习环境友好（满足归属感的需要）、有正强化（满足自尊的需要）、有互动交流（满足人际连接的需要）、有适度挑战性（满足成就感的需要）时，学员学得最好。

2. 通过高吸引力的学习方式调动学员的学习热情

前些年，为提高学习内容对学员的吸引力，教学设计师会通过情景模拟、实操活动、互动和动画等方式来传递教学内容；近些年，通过微学习、游戏化、讲故事等方式来创建有吸引力的学习内容引起了广泛关注。我们以讲故事为例。当所学习的内容比较枯燥无趣时，讲故事可以化抽象为具体，便于学员理解和记忆。故事要能够引发情绪触动、产生共鸣，要有悬念、结构和目的，同时又通俗易懂。不仅讲师或导师可以讲故事，学员也可以在课堂（包括虚拟课堂）上讲故事。大脑是社会化的，学习中的分享能够创造更高的学习热情。

如果是课堂学习，就可以考虑采用角色扮演和讲故事的方式，保持学习的吸引力。如果是虚拟课堂学习，就需要设计可以在线演练的活动，而且最好可以实现分组讨论的平台上实施，以确保学员之间保持互动。如果使用社会化学习平台，就可以增加模拟和互动的环节，学员可以从"做"中学习，并看到即时结果，同时可以通过讲故事的方式导入概念，然后鼓励学员通过社会化学习工具向他人分享自己的想法。

3. 通过外部激励手段调动学员的学习热情

我们先看一下中化集团的战略蓝军班项目调动学员参与度的方式：红蓝军三次PK、全程记录评分（培训观察表、导师评估表、汇报评分表、全程汇总表）、蓝军专属激励（誓师大会、专属军徽、军旗、与高层领导面对面、进入后备库）、逢课必考（所有课程考试成绩记录在案）、实时公布成长轨迹（实时公布团队及个人军衔）、积分制度、表彰机制等。

大部分高潜人才项目使用的激励手段是为学员的表现打分，然后根据积分对学员进行表彰。积分管理是用积分（加分和减分）方式对学员的项目参与度和综合表现进行全方位的量化考核，结果作为资源分配、机会授予、奖惩的客观依据，这就使学员的个人表现与结果产生了正相关。另外，积分管理还可以强化培养效果，学员的项目参与度越高，综合表现越优秀，积分就会越高；积分越高，就越有成就感，学员参与项目的积极性就越高。在这种激励下，学员的优秀行为能及时获得认同和反馈，更有利于行为塑造。以下是某高潜人才项目学员积分的结果等级和应用办法。

根据积分，学员考核结果分为卓越、优秀、良好、一般、欠佳五个等级。将学员考核成绩从高到低排序，根据排名情况强制划分考核等级。其中：排名前5%为卓越；排名前6%~25%为优秀；排名在26%~60%为良好；排名在61%~90%为一般；排名后10%为欠佳。

考核结果的应用：

- 考核结果将计入学员个人培养档案，并在全司范围定期通报；
- 每期考核总成绩排名后三位的学员，将不再列入后续培养计划；
- 对于单项考核不及格的学员，将不授予其结业证书；
- 对于优秀学员，在内部职位聘任工作中，同等条件下优先考虑。

需要注意的是，不能过多地强调外在动机，否则容易引发学员的短期行为，也就是说，学员可能为了得到积分而学习，他们可能会出现注意力分散、学习浮于表面等现象。因此，我们建议仍应以激发内在动机为主，引导学员树立长期发展的眼光，真正为个人和组织发展着想，扎扎实实地利用机会进行深入学习。根据克雷顿·奥尔德弗（Clayton Alderfer）于1969年提出的生存、相互关系、成长（ERG）需求理论，人们除了生存（existence）和关系（relatedness）的需要之外，还有成长（growth）的需要。如果不通过外部的表彰和认可就可以让学员看到自己的进步，这本身就可以达到激励的效果。

促进学习的转化

学习转化是指将学到的技能和知识用于学习环境之外。学习的最终目的是改变行为。学习不能只聚焦于让学员在课堂上学习，还要考虑学习转化，即学员如何消化课堂信息，将这些信息变成自己的知识和实践智慧。实践所学是学习之旅的重要环节。

人们习惯于之前的做事方法，使用新方法需要时间。比起建立全新的行为方式，真正改变现有的行为方式更难。所以，在考虑如何衡量高潜人才项目的效果时，应将学员是否在工作实践中发生了预期的、对组织发展有积极影响的行为变化作为衡量标准之一。这就要求高潜人才项目团队以终为始，在设计和实施项目的过程中，将促进学习转化作为工作的主要目标之一。

组织在学习旅程开始时就应引导学员树立学习转化的理念。无论学习方式是课堂培训、行动学习、测评反馈，还是导师指导和教练辅导，均应强调学习转化。学员如果在学习之后认为这些新东西是自己能够且愿意（can & will）用于实际工作中的，那么学习转化就具备了条件。所以，如何让学员做到"能够且愿意"呢？

1. 解决"能不能"的问题

学员可以回答以下两个问题：

（1）项目真正教我如何做了吗？我对自己的能力有信心吗？

（2）我有机会这样做吗？我的环境或上级会允许我这样做吗？

学员如果学会了，也有条件应用新学的东西，并且用了会有高回报，那么他们就真正开始了学习转化的旅程。

如何确保学员学会了呢？核心就是要侧重于给出如何做的建议并提倡练习，而不是侧重于理论和知识。具体来说，需要注意以下几点：分析学员的发展需求时，应透彻分析为了达成工作绩效目标所真实需要的知识技能；教学内容侧重于学员必须掌握的；多为学员留出时间来进行实战演练，并给予实时反馈；采用有效的教学方式；考虑学员的学习特点，即成人学习者是兴趣导向的、实用主义的、关注真实难题的；事先预测学员在学以致用时会遇到哪些挑战，教学时设法告诉学员怎么办，或者如何使用工作支持工具。例如，可以减少演讲式授课，多使用发展型经历类的活动；多请学员反思学到了什么，下次再做会有何不同；使用案例分析、角色扮演、临时体验式任务等来强化学习；通过小组讨论的方式帮助学员向同伴学习等。

2. 解决"愿不愿"的问题

"愿不愿"涉及动机。组织需要回答的问题是：使学员付出额外的努力"弃旧用新"完成学习转化的动力是什么？

学习转化专家艾玛·韦伯（Emma Weber）总结了神经科学家破解的有关大脑学习转化的六个秘密。

（1）大脑的设计是趋于平衡态的。行为变化刺激并唤醒了压力感，人们因此会抗拒变化。由于神经具有可塑性，尽管很难，但人们还是可以改变的。

（2）预先设定行为变化非常重要。组织应使学员意识到，行为的真正变化是需要他们的意志努力和专注的。所以，分段学习并设定转换阶段便于持续学习。

（3）请学员制订自己的行动计划。行动计划的内容是学员如何在工作环境中应用所学。落实行动计划可以使大脑神经化学物质恰当平衡。

（4）建立个人化的、一对一的支持流程。一对一、反思性的学习转化过程可以使学员谈论他们自己，并将谈论内容与他们的目的和意义连接起来，这会刺激多巴胺和血清素的分泌，这些都是能够让学员感觉良好的神经化学递质，能够促进他们的学习和大脑的发展。

（5）聚焦于结构化、引导性的反思。支持学员通过深入洞察在大脑中建立新的连接，将学习地图与知识联系在一起。

（6）学习转化的跟进是安全私密的。不要低估安全关系在任何形式的发展谈话中的重要性。大脑会在同一个位置对物理脑和社会脑的情绪成分进行加工。提供安全、私密、非指令性的环境可以使学员通达他们的内部智慧，这对他们的发展有不可估量的作用。

综上，组织在设计学习旅程时需要注意以下几点。

第一，要让员工找到"学以致用"的理由。根据维克托·弗鲁姆（Victor Vroom）的期望理论，人们只有在相信自己的努力、绩效结果和回报存在强关联时才会有动力做某件事。简单地说就是，人们会认为如果我努力了，就会有好的工作结果，如果有好的工作结果，就会得到自己需要的回报，那么，我愿意好好干！因此，要找到"做什么"（也就确定了"教什么"）与绩效结果之间的关联性，并让学员明白为什么要学这些东西。还有一个方法是，可以邀请往期项目的学员来分享自己学以致用的经历和方法。

第二，建立学习转化的责任机制。学习转化是学习旅程的重要一站，需要责任机制来确保学习转化的真正发生。不要指望学员自动自发地学以致用。在学习旅程一开始，就应请学员签订学习协议，制订如下所示的行动计划，鼓励学员为学习负起责任。

- 在培训结束后的一周内向上级汇报学习情况和学以致用的打算。
- 在培训结束后一个半月内将学到的三个方法运用到实际工作中去。
- 回到工作岗位上的一周内,向同事们分享课堂所学要点。
- 培训结束一个半月后,与直接上级交流,对学到的新技能在实际工作中的应用情况进行评估,并计划下一步行动。
- 在培训结束后的第二个一个半月内实施学到的另外三个方法。
- 在培训结束后的三个月内,将自己的学以致用案例和心得在学习社群里分享。

项目结束后,组织可以通过一些措施鼓励学员进行学习转化,不断进步,如定期召开学员复盘会;邀请往期的学员参加额外的培训、临时的研讨会、参加新一期学员的毕业典礼;教练/导师定期联系学员,对存在的问题进行辅导等。

在中化集团战略蓝军班项目中,公司通过红蓝军的竞赛和交流,使双方的观点得到了采纳和融合,实现了知行转化,而且双导师的持续辅导、社群学习和复训也推动了学习转化。

过程的跟踪和调整

在执行高潜人才项目的过程中,组织应做到过程管控不放松,向过程要结果。

成功实施高潜人才项目需要设置一些项目节点(里程碑)。高潜人才项目往往周期长、内容多、目标难,除了项目目标之外,还需要将整个项目划分成多个阶段,明确每个阶段的主题、阶段目标、核心内容、阶段性成果标准,也就是明确项目阶段和里程碑。参与人员了解项目信息,并且就这些信息达成共识有助于他们围绕项目目标和里程碑形成自己的工作计划,从而主动参与项目并掌控项目节奏,而不是被动地参与和接受。在学习旅程中,对关键节点(里程碑)进行核查可以确认进展是否顺畅,并且发现和解决遇到的困难和问题。这就是评估和迭代、反馈和纠偏机制。

在过程管控中,组织需要关注和回答以下问题。

- 每一个项目节点对利益相关者的影响是什么?
- 项目节点的责任人和执行者是谁?

- 预期的起始日期是什么？
- 进展现状是什么？如必要，找到关于节点完成情况需要沟通的点和其他信息。
- 将关键节点分解为所需要的行动后，明确每一个行动的责任人、执行者、节点，确定是否需要沟通。如需要，沟通目的是什么？目标受众是谁？关键信息、信息责任人、媒介、频次、送达日期、员工反馈机制是否明确？如何监控沟通计划的落实？
- 整个项目的目标以及成功与否的相应衡量指标是什么？
- 总体沟通目标和沟通计划是什么？关键信息使用何种语言？项目品牌如何推广？品牌推广时，与项目关联的关键句子或口号以及关键的提高辨识度的图片是什么？
- 如何通过项目宣传赢得各方支持和参与？如何宣传才能对外传递重视人才发展的雇主形象？

为了管控项目进展，确保项目达成目标，组织还可以使用一些高质量的、易于使用的工具，如视觉化的图表和材料。

案例：如何确保高潜人才项目的成功实施

为了帮助大家更具体、直观地理解如何成功实施高潜人才项目，我们采访了曾成功执行了这类项目的刘女士，供大家参考[①]。

问：请介绍一下您印象比较深刻的、成功的高潜人才发展项目。

答：就说说管理培训生项目吧。

问：请您介绍一下这个项目的背景。

答：当时我刚去一家游戏公司，这家公司的发行团队和研发团队是完全不同的两类团队，可以被视为研发中心和市场中心。研发人员大多是清华、北大的，但发行团队的人员，包括管理团队的人员，水平就参差不齐了，上过和没上过大学的都有，排名好的学校和排名差一点的学校也都有。研发和发行团队对人的要求不同，做研发的人对技术的要求高，做发行的人要更贴近用户，知道用户在哪儿，知道用户怎么来。做发行的人很多是游戏迷，自己很喜欢打游戏，就到一家游戏公司做市场、做公会（每个游戏都有公会组织，把公会的会长组织起来，这就是网络游戏强大的地方，社交也在这里完成）。他们知道新用户在哪儿，

[①] 案例来源于对刘建新女士的采访，她现任完美世界教育科技（北京）有限公司首席运营官。

因为他们自己本身就是用户，所以他们会比较了解。在零几年的时候，游戏公司的发行团队基本都是这样的状态。我去了之后面临的一个挑战就是，我们公司是当地最大的发行公司，我们需要招聘市场总监、产品总监，需要候选人既懂一点产品又精通发行，因为要兼顾市场和研发团队，在外面几乎招不到人。我们是最大的发行公司，我们的产品总监会带10个人左右。一款游戏的市场推广费用少则几百万，多则上千万，如果一家公司的收入规模都不到几千万，你让他去管十几个人、花这么多市场推广费用，怎么可能呢？除非去小公司找更高职位的，比如副总裁，但他会来的概率非常小，因为职位降低了。

问：那您当时想如何解决这个问题呢？

答：当时有两个方案同时进行：一是内部培养现有的经理，搞了个"雷霆战士"训练计划，把基层管理者培养成更高水平的管理人员；二是培养新人，从211学校里去找爱游戏的应届毕业生，往管理方向培养他们。2010年，我们从1000人里面选出15名管培生，最后留下来12名。

问：在项目推进的过程中，您遇到的挑战有哪些？

答：说服老板就是一个挑战，因为之前从来没有做过。管培生项目在游戏行业很新，之前研发团队做过，也是招应届毕业生，但是没有形成一个培养项目，就只是把他们招进来，然后就让他们去干活了，也没有做过把他们当作后备干部进行培养的项目。大家都不知道什么是管培生，我花了一个晚上的时间去说服老板，我跟他讲公司面临的人员现状，从外面招人成功的概率比较低，我们也在努力去找，但是市场上这样的人没几个。我向他介绍了我之前在外企是如何做管培生项目的。我的前公司做的是在线旅游服务，当时公司的CEO就是从宝洁公司的管培生成长起来的，我跟他学到了很多管培生的培养经验。他在宝洁当了八年的管培生，各个岗位都做过，后来去另外一家公司做CEO，然后被猎头推荐到我的前公司任CEO，他的工作经历就这么三段。我们跟着他做了完整的管培生计划，他让我们参考领导者胜任力模型来选拔培训生，当时我是有些疑惑的，不过后来看到了效果：他亲手培养的这些管培生陆续成为一线呼叫中心的管理者，甚至成为总监，有的后来离开去了其他公司，也都是不错的公司或岗位，还有加入创业公司的，成了核心骨干，并跟着公司一起完成了上市。所以，我亲眼看到了这些管培生的发展历程，他们很聪明，学习能力非常强，再加上专业培训、管理技能的培训以及不断的轮岗，所以成长速度非常快。

最后，我以投资小为由——就十几个人的工资，做败了也就是半年的工资——说服了老板启动管培生项目。他抱着试试看的态度勉强答应了。

问：在整个项目的设计方面，有什么经验可以跟大家分享吗？

答：项目体系的设计不只是人力资源部门的事，如果只是人力资源的事，那累死也做不好。关于项目设计，确实有几点可以分享。

1. 筛选的环节做了很多工作，千里挑一。一共有小组讨论、一对一面试、小组面试（管理层）三轮面试。以胜任力模型为基准（如沟通、合作、积极主动等）进行人员筛选。

2. 培养方面设计了生态体系，我用到了双向选择。我会给学生压力，如果你通不过三个月的轮岗，我们有权淘汰你，但是你通过后，也有权选择去哪个部门。我们给每个人都配了导师，导师可以选你，你也可以选择去哪个部门（导师都是各个部门的总经理）。另外，项目的成功取决于导师的付出，所以我告诉导师：第一，老板很重视这件事；第二，管培生也可以双向选择，所以对他们的培养真的要付出努力，如果最后没人选你，可能你也会比较难看。这样学生和导师就都有压力了。

3. 定期轮岗，而且每轮一次都必须有工作汇报，就是轮岗汇报，也就是他们的收获是什么，还要给公司提建议，好的一条，不好的一条。参加汇报的人员必须是管理层，老板必须在场才能开会。开了第一次会之后，导师们就知道老板是真的很重视这件事。老板为什么重视？因为我们前期筛选的人都非常好，还有就是经过一个月的在岗培训，学生使劲学，导师用力教，老板就能看到大家的表现和平时不一样。有一次，两名管培生汇报一个项目，后面还有新来的产品和市场总监汇报，管培生的汇报比有经验的人还要好。关于轮岗，我有一定的坚持，也有一些妥协。妥协就是本来想做一年的轮岗，后来压缩成三四个月，一直到他们毕业。轮岗会让他们到产品、市场、海外以及客服部门。我坚持必须要去客服轮岗，如果一个做运营、发行的人不懂客户，可能就会有很大问题。一开始他们很排斥，领导也觉得让他们去做客服有点亏，但我坚持让他们从窗口了解客户是谁。事实证明，两三年以后，这些管培生反馈他们收获最多的阶段就是做客服的时候。我们公司每天都会播放客服电话录音，就是客户是怎么骂客服的，让研发的人听着，看你设计的产品有这么多的客户投诉。这说明客服是一个非常重要的了解客户的窗口。所以在整个体系中，轮岗是很重要的一环，而且轮哪些岗位更是要根据公司的情况精心安排。

4.培训分为业务培训和通用能力培训。业务培训就是导师在部门找专业的老师给管培生培训相关业务知识。在每个岗位上都会安排系列培训，也有在岗实践，然后写汇报，每周做了什么，每个月给老板做汇报、提建议。在通用培训时，我会给他们讲七个习惯，包括自我成长和与他人合作，这很适合让他们建立积极的心态以及与别人合作的心态。还有一个课是全脑思维，帮助他们了解大脑的特点，让他们理解为什么有的人天马行空，有的人逻辑性强。再去形成同理心，给他们讲沟通，讲职业生涯发展、时间管理，还有项目管理，但讲得更多的是管理自己。因为第一年基本是适应职场，以怎么与人沟通交流为主，所以一个月必须有一次通用能力的培训。

最后就是我的一对一辅导。我会保证每个人一个月做一次。我就是教练的角色，了解他们的状况，给他们做一对一的沟通辅导，发现问题及时解决，同时帮助他们去适应职场。做一对一辅导有两个目的，一是了解项目进展，二是了解管培生的状态，同时提供一些帮助。

做到这几点，第一次汇报之后，项目就变成良性循环了。管理要做成赋能式的，要变成他们自己的事，而不单是人力资源部门的事，每个人应该各司其职。

问：这个项目的结果怎么样呢？

答：这几个关键点是相辅相成、互相支持的。第一期是2010年培养的，是我全力以赴的一个项目，效果是最好的。这些管培生现在都是各家公司的核心骨干。

问：这个项目的周期是多久呢？

答：周期是三四个月轮岗，第二年会定期组织培训，不同的阶段产生的作用是不一样的。结束基本是一年以后，聚起来的次数不那么多了，也会有培训，但是密度不那么大了。

问：您能谈谈您对领导力的理解吗？什么是领导力？哪些能力比较重要？

答：与管理能力相比，领导力更难培养。有一些领导力是与生俱来的，后期培养难度要大一些。领导力中比较重要的能力有赋能团队以及商业敏感度，也就是方向是什么。有的领导可能管理能力不那么强，但是方向感很好。方向对了，才能让一帮人跟着干，所以方向决定了80%。

问：随着时代的变化，您觉得领导力要素有什么变化吗？

答：时代变了，要素肯定变了，从传统行业到互联网行业，会有很多变化。我觉得领导方向对了能决定80%。我上家公司换了两任CEO，现任CEO上任后就研究互联网是什么，他的商业敏感度很强。比如在线支付这块业务，他就说能让客户少操作就少操作一步，每多操作一步就会多流失一个客户，事实证明他的方向是对的。后来我做人力资源那套系统，很多方面都受到了他的影响。

问：管培生也要培养这种市场敏感度吗？

答：肯定是先从业务、运营等基础能力开始。就像有人说的，一个新来的学生别一上来就提战略怎么做，而应该先把事做了。所以我们不会一上来就培养他们怎么去做商业决策，要帮助他们先把事做对了，然后我们再从做对事的这些人中筛选出谁能找准方向。

问：课程内容如何促进转化，确保学以致用？

答：考核。你赋予或教授他什么东西，考的时候也考这些东西。比如有个培训生，非常喜欢打游戏，也积极主动，在运营轮了很多岗，他能踏踏实实地把每一个岗位的工作都做好，一直到可以独立负责一款游戏的市场发行工作。他后来选人只选管培生，他说虽然不一定像他们那时候很成体系地去做培训了，但他自己给他们做，他选的这些人都是一个人顶好几个人用。

转化不是一下就转化了，而是渗透在日常工作中的。比如每次一对一的时候，我都会引导他。他遇到困难的时候，我们是有共同语言的——都知道七个习惯是什么，所以我与他沟通的时候，他就更容易接受，因为沟通距离缩短了。

问：有没有合作学习？也就是同伴之间一起学习，一起去讨论一个问题。在什么场景下会用到合作学习？

答：合作学习其实是有合作、有竞争的。比如我做的经理人培训，一开始大家都不太重视这个项目。怎么去刺激他们呢？我把他们分成六个组，培训完会布置课后作业。比如，那时候老板关注页游，那页游到底该不该做呢？课后作业就是让他们去做市场分析，然后做汇报。一开始有的人不在乎，我就先收PPT，我把做得最好的给那些不在乎的人看，然后告诉他们老板要看，他们一看傻眼了，就加班加点做，到了调研结果汇报会的时候，真的能看出他们用心做了。老板看了也觉得不错，也很兴奋。合作学习就是在团队活动的时候，用一些好的来带动不好的，把整体水平拉上去。老板看到很高兴，他们看到老板高兴也很兴奋，这样就形成了一个良性循环。

问：听起来，高管参与还是很重要的啊！

答：高管参与是必须的，老板不参与就等于白忙活。老板要听汇报，做总结性点评或开场讲话。我要求管培生在汇报的时候，给他们实习部门提一条做得好的和一条做得不好的建议，总经理必须在场，所以这很考验管培生的情商。

问：情商能提高吗？

答：能，靠时间。有一个中科大毕业的主程序员，技术能力极强，但情商极低，与他人合作总是有各种问题。我给他做了两年多的教练，他有所改变。他的情商不能说提升很高，只能说破坏力没那么大了。我判断他基本的道德和价值观是没问题的，考虑问题都是从公司角度出发的，但是他不知道怎么表达，所以得罪了一群人。情商是可以改变的，但是需要特别长的时间。

问：情商和领导力的关系是怎么样的呢？

答：层级越高，情商的作用越大。

问：项目执行过程中有没有一个人发生了很大的变化？是一个什么样的时刻，让他发生了怎样的变化？

答：其实没有那样的时刻，变化都是一点一点发生的。

问：项目刚开始的时候，您给这些管培生设计了远期的职业发展目标吗？

答：有，在我们宣讲的时候就说了，未来他们是要往专业线或管理线去发展的，但是刚开始的时候，你一定要学会被领导。

问：有一个明确的期限吗？

答：没有明确的期限，因为每个人的情况都不一样。这些管培生中也确实有因没成器而离开的。这个项目已经执行八年了，回过头看这些人的成长轨迹，你会发现那些真的很踏实地在某一个领域做事情的人，还有那些一直在坚持的人，他们的发展会更好一些。

问：这其实也属于高潜人才的特质了，您觉得高潜人才长什么样？

答：我们有一个管培生，带××项目，他带了一年，研发负责人特意给他申请了奖金，因为他的贡献，本来净利润目标是4个亿的项目在当年多盈利了8000万。他对游戏极其热爱，喜欢这个行业，又遇到了这个项目，所以很踏实地轮岗，什么苦活都不怕，又有学习能力。高潜人才需要具备这些特质。

HIPOS

第13章
高潜人才项目评估

为了考查高潜人才项目的投入－产出是否合理有效以及掌握和把控项目的整体质量,组织需要对高潜人才项目进行评估。

评估包括项目过程中的评估和项目结束时的评估。通过评估,组织能够发现项目实施过程中出现的问题,及时复盘总结,并进行纠偏和优化提升,逐步提高学员和相关部门的满意度。不合格的项目应及时终止。

可衡量才可管理。

——彼得·德鲁克(Peter Drucker)

项目评估是高潜人才项目中的关键一环。组织投入了大量的资源来发展高潜人才，这些投入值得吗？这就需要项目评估，更重要的是，其结果还可以用来改进项目。

具体来说，对高潜人才项目进行评估有以下两个重要原因。

第一，考察项目的投入–产出是否合理有效。如果将高潜人才项目视为对未来的一笔投资，那么项目评估就是考察这项投资是否起到了作用。无论是项目的组织部门，还是业务部门和高层决策者，都需要明确回答这个问题。

第二，掌握和把控项目的整体质量。通过评估，组织能够发现项目实施过程中出现的问题，及时复盘总结，并进行纠偏和优化提升，逐步提高学员和相关部门的满意度。不合格的项目应及时终止。

对项目满足各方期望程度进行评估

在实践中，我们应以终为始，在项目设计的前端，也就是发展需求评估后、项目正式启动之前明确项目目标和评估方法，并与各方利益相关者进行沟通。这也是赢得他们对项目和项目评估的承诺和支持的方法。

项目评估是针对项目目标的达成情况进行评价，包括项目过程中的评估和项目结束时的评估，以明确项目是否满足利益相关者的期望。项目评估所收集的信息既有定量的，也有定性的。利益相关者通常有以下期望。

1. 企业高层

企业高层代表企业，他们期望通过高潜人才项目发现和培养高潜人才，满足企业对下一代领导者的需求，保证领导力补给线的可持续性，使领导梯队力量更强大，人才池中有大量合格的继任者。

另外，高层也期望通过高潜人才项目中的行动学习项目解决一些长期存在的问题。

2. 学员

学员期望通过高潜人才项目学习到新东西，提升自己未来承担领导角色所需要的胜任力（如业务敏锐度、执行力等），并有机会接触到组织高层，获得更多的晋升机会。另外，学员也期望借着参与高潜人才项目的机会与其他同事建立联系，便于在未来的新角色中开展工作和沟通。

3. 学员的直接上级

学员的直接上级既期望学员能够在现在的岗位上表现出色，也期望他们能够将所学应用于提升当前的绩效。如果组织的文化和机制支持人才培养，直接上级也会期望学员能够获得更多的晋升机会。

4. 人力资源部门

人力资源部门期望学员通过高潜人才项目能够尽快提升他们的胜任力，并做好晋升准备。

另外，项目期间的学员评价能够使人力资源部门发现表现不好的学员，从而避免做出不当的人事决策。

5. 高潜人才项目经理

高潜人才项目经理担任着高潜人才项目设计和运行负责人的角色。他们希望满足上述人员的期望，创建组织的领导力发展品牌，从而为高潜人才项目获得必要且持续的支持。

高潜人才项目所涉及的利益相关者较多，各方期望也很难统一，所以高潜人才项目经理需要平衡好各方利益，需要有主次，需要考虑到组织近期和远期的需求。但是，无论选择哪些目标都不能忽视基础目标，即提升学员的领导胜任力。

项目过程中的评估

过程中回顾是为了及时掌握项目的进展情况,如是否到达了关键节点(里程碑),便于及时调整策略。每隔一段时间(如结束一个学习模块后),组织可以请学员对项目进行一次评价,如满意度量化评价,以及这一阶段是否达到预期目标、所学内容是否可用、有哪些改进建议等。

评估应针对每一项干预(如课堂培训、导师指导、教练辅导等)。这类评估一般有以下四个层级。

层级一:评估对干预的反应。

层级二:对因为这项干预带来的学习进行评估。

层级三:对在岗位上的应用(行为变化)进行评估。

层级四:对达成的业务结果进行评估。

组织应重视收集学员对于高潜人才项目实施过程中的反馈信息。尽管有实证效度依据,但学员如果有偏见或者缺乏表面效度(学员对于某种测评方法或形式是否有效等所做的主观判断),可能就会对项目的认可度、收益和影响力造成不利影响。

项目结束时的评估

项目结束时的评估是对项目最终的整体效果进行的评价。项目结束时,组织可以对照项目目标,从以下四个方面对项目效果进行全面且结构化的评估。

1. 相关人员的反应

相关人员包括学员本人和高管等。项目结束以后,组织可以对学员进行问卷调查,了解他们的满意度及其对所学内容的应用情况等,旨在判断项目的实用性。

以下是调查问卷可以(但不限于)使用的选项,评价可以设置为"同意""说不好""不同意"三个级别。

(1)这个项目使我对公司整体和行业有了新的认识。( )
(2)使我对自己行为风格有了新的认识,这促进了我的提升。( )
(3)增强了跨部门的理解和交流。( )
(4)对个人发展有着重要影响。( )
(5)项目组织无序,管理不严。( )
(6)使我对将来在公司发挥领导作用有所准备。( )
(7)个人值得为此花费时间,公司的投入也是值得的。( )

对于高管而言，组织可以收集一些他们的发言信息和决策信息。例如，如果项目结束时高管说"这个项目可以启动第二期了"，那么这可以被视为对项目效果的最高认可。或者有的高管在项目结束时说"这个项目也让我对其他职能及业务有了更多了解"，这也可以被视为认可项目效果的依据。

2. **学员的进步情况**

学员的进步情况主要衡量的是学员选定要发展的能力是否得到了显著提升，以及是否达成了既定的发展目标，这些能力是将来承担新的领导角色时所必需的。组织可以通过360度评估方法对学员在训前和训后进行两次测试，对比进步情况。还可以收集导师和直接上级的评价信息，或者请他们对学员的积极变化进行等级评价（如有明显变化、有一些改变、没有发现）。

在实践中，直接上级对学员的行为评估及其对项目的满意度评估可以一起进行，如请他们填写调研问卷（如表13–1所示）。

表13–1　　　　　　　　　项目执行情况调研问卷

您好，感谢参加本次调研，您的意见将作为我们进一步改进高潜人才项目工作的重要参考。请您于×月×日前完成填写此问卷，谢谢配合！

您的姓名：　　　　　　学员姓名：

您目前所在部门：

您对学员参加项目后的进步情况，整体满意度为？（　）
1. 非常满意 2. 比较满意 3. 满意 4. 一般 5. 不太满意

您认为项目结束后，学员在工作中哪些方面的能力较之前有所提升？（　）
1. 营销开拓 2. 系统思考 3. 团队管理 4. 计划组织
5. 辅导下属 6. 问题解决 7. 自我认知 8. 其他（　）

您认为学员在个人发展计划方面的执行情况如何？（　）
1. 完全执行 2. 部分执行 3. 未执行

您认为项目结束后，学员在个人发展计划方面的达成效果如何？（　）
1. 超出计划完成 2. 按照计划完成 3. 部分按照计划完成 4. 全部没完成

您认为通过本次项目，学员自身最大的改变是什么？

您认为学员目前遇到的最大问题是什么？哪些方面需要进一步提升？

您对下一次高潜人才项目有何需求和建议？

3. **对业务的影响**

高潜人才项目中的行动学习项目如果在提升学员胜任力的同时有助于解决组织

面临的长期挑战，这也是项目效果的体现，是与业务成果相联系的项目效果。

组织还可以通过收集其他信息，以发现高潜人才项目对业务产生的积极影响，如学员自发地建立部门间的协调机制、学员应用所学的实践案例等。

4. 人才状况

高潜人才项目的最终目的是为组织准备领导人才。因此，人才状况的评估是高潜人才项目评估最重要的方面。高德纳公司通过调研发现，有 76% 的组织会评估高潜人才项目对晋升率的影响，79% 的组织会评估高潜人才项目对人才保留率的影响。

针对人才状况的评估可能涉及以下内容。

（1）为目标角色做好准备的人才比例，以及从内部填补关键管理和领导职位空缺的数量。

（2）人才保留率。当项目开始时有多少人，项目结束时还剩下多少人？这和公司其他人的保留率相比如何？

（3）通过高潜人才项目淘汰了之前是"明星"、但实际并不适合担当领导角色的人。

延伸阅读

麦当劳公司领导力发展项目的评估和结果

本书第 11 章的"延伸阅读"中分享了麦当劳公司领导力发展项目的四个阶段。那么，这个项目的效果如何？以下是该公司在评估项目时收集的数据以及评估结果。

项目的评估数据收集情况如下：

✓ 项目四阶段中的每个阶段结束时进行学员问卷调查；
✓ 请所有高管对项目/学员进行评议并提供建议；
✓ 收集个人行动计划的完成和实施数据；
✓ 跟踪学员晋升和工作成功数据；
✓ 项目结束一年后，对学员进行电话跟进和调查。

该项目的最终效果如下。

项目影响的客观数据

✓ 两个团队的建议均被纳入 2002 年美国业务的战略议程。一个建议关注餐厅层级的精简，另一个关注业务顾问角色的重新定义。
- ✓ 14名学员成功晋升关键的区域领导岗位。30%的晋升者六个月后的绩效等级为优秀，另外的70%为良好。

项目影响的主观数据

一年的跟进调查结果表明，学员对行动学习经历和个人有效性即发展需求的反馈/洞察，有助于他们在当前角色上表现更加有效，这是因为：
- ✓ 认识到改善倾听技能（如允许他人表达意见、反应之前先理解等）的重要性（尤其是在群体中工作时），且进行了实践；
- ✓ 意识到团队和多元思想的价值；
- ✓ 项目强化了联结的观念以及变革时如何考虑业务的不同方面，使学员能够以不同的视角来看待当前的业务；
- ✓ 项目强化了沟通：在麦当劳系统内，不同的人可以就各种观点进行更加广泛的交流；
- ✓ 强调在教练和发展他人方面进行投入的意识；
- ✓ 置身于不同的管理方式之中，使学员看到了不同方式的优势；
- ✓ 自我觉察更强，开始重视个人测评反馈时确定的策略：在具体问题和机会中发展自我。

展现项目价值

总结项目效果，呈现项目价值，是衡量高潜人才项目成功的关键。组织可以通过项目成果的呈现达到提升高潜人才项目的影响力，建立高潜人才项目品牌的效果。

组织在获得项目评估结果后，需要将结果告知项目相关人员，包括高层领导、项目组织者、学员和学员的上级，旨在获得管理者的认可，并得到意见反馈；对所有的利益相关方进行价值传递，扩大项目的宣传效果。那么，如何向利益相关方传递项目评估结果呢？我们推荐使用以下四种方法。

1. 用数据说话

数据是最直观的表现方式。以下是中化集团战略蓝军班项目的效果数据。

在人才发展方面，蓝军队员得到全面提升，在蓝军项目结束十个月内，40名蓝军队员中已有13名得到提拔，进步率高达32.5%，其中两名队员已经纳入集团关键岗位的序列，这充分说明，蓝军项目是获得了人才培养和战略推进的双赢。

蓝军项目在集团范围内形成了典型的示范效应，今年农业事业部组织了12名专职蓝军成立了常设小组，由事业部的总裁亲自担任组长，他们的核心使命是成就红军。

2. 让学员说话

学员是最直接接触高潜人才项目的群体，对项目的感知最为丰富和直观。学员对项目是否满意也是衡量项目是否成功的参考指标之一。组织可以通过问卷调研或访谈的形式收集学员的心声。

学员A：我觉得受益匪浅。一是活动形式很好，内外部导师及朋辈导师定期辅导和"一对一"的方式确保了沟通的私密性。二是扬长项和补短项重点突出，且均与岗位核心职责密切相关，既在推进工作中提高了自己，在参与项目过程中有效促进了工作推进。

学员B：通过扬长补短方案以及导师们真实的授业解惑，实现了自我的深入剖析，这对我的角色觉察、转变、突破起到了至关重要的作用，对高效完成领导交予的工作提供了很大帮助。我学会了放眼长远，统筹考量，有的放矢地开展工作。

学员C：自我管理和自我提升是很难的，有一个平台来收集反馈意见、相互讨论交流、共同提升是非常难得的。在这次活动中，我了解了自己，提升了自己，取得了一些进步，还将一些外部的压力转化成了自我动力。

3. 视觉生动化

大部分人都属于"视觉动物"，总是力求获得对某物的"印象"。通过听觉和视觉输入渠道获得的信息的持久效果尤其明显。我们应当意识到，图片、图表等形式比文字或话语更能迅速地吸引人们的注意力。因此，我们鼓励在汇报评估结果时多采用视觉化的形式，如以图片或视频形式展示学员的学习成果。

4. 成果仪式化

通过把成果仪式化，如制作成功案例的案例集、用图片和文字记录培训的点点滴滴、拍摄项目总结视频等，并作为项目评估汇报的素材呈现给项目相关人员，将大大提升项目评估工作的质量。

项目复盘

在进行项目评估时，组织可以使用复盘法。这种方法既可以用在项目过程中，又可以用在项目结束时。

1. 关于复盘

复盘关注的是发生了什么、取得了什么成就以及与预期结果的比较。这个过程鼓励参与，强调信任和有价值的反馈。团队成员越开放、越诚实，效果越好。需要注意的是，复盘并不是"挑刺"，而是以学习为聚焦点，这是参与人员在一开始就应明确的。

复盘过程如果有引导师协助，效果可能会更好，因为引导师扮演的是中立者的角色，这会让参与人员更聚焦于讨论。引导师通过提问来引导讨论，但不应加入自己的评判。需要注意的是，讨论的应是团队表现（如团队是如何运作的），而不应是个人表现。有技巧的提问有助于讨论的聚焦。提问不能过于笼统，如"大家在参与这个高潜人才项目后有什么心得吗"，而应该是更加具体的问题，如"当与高层领导沟通项目目标时，如何做得更好"等。

另外，项目结束后应尽快进行复盘。因为此时，参与人员能够准确地描述出发生了什么，反馈也更有效。

复盘一般会围绕以下主题开展讨论。

（1）之前预期会发生什么？实际上发生了什么？出现差距的原因是什么？
（2）哪些活动起作用了？哪些活动没有起作用？原因是什么？
（3）下个项目会有何不同？

2. 项目过程中复盘

在项目实施过程中，组织应在关键节点（里程碑）进行阶段性复盘，这也是对项目过程进行评估的一种更细致、系统和科学的方法。采用复盘的形式对项目过程进行系统的审视将更有利于项目的推进。

项目过程中的复盘有以下四个目的。

（1）以学习提升为目的，总结阶段性的经验教训，提出项目的改进建议。

（2）增强项目的可控性，针对周期较长的高潜人才项目，做好进度的及时跟踪。

（3）促进项目成员对下一步的工作思路和工作任务达成共识。

（4）通过邀请项目相关关键人员参与复盘，建立更密切的沟通机制，了解他们的想法，从而提高满意度。

与项目结束后的复盘相比，项目过程中的复盘有以下四个优势。

（1）及时性。项目过程中的复盘更及时，能够更快地发现问题，并对问题进行修正，及时防止错误的持续发生。

（2）信息精准性。当通过收集的评估数据发现项目有所疏漏或错误时，可以及时修改、调整，避免损失扩大。在项目中每一关键步骤或环节实施之后及时进行复盘，能够获得更精准的反馈信息，减少因为信息遗忘而造成的项目评估质量降低。

（3）前瞻性。项目阶段性复盘能够使组织根据现有信息对未来可能出现的情况进行预判，提前讨论对策。

（4）及时获得项目关键人员的反馈。项目复盘不仅仅是项目组内部的事情，也是及时了解项目其他相关人员意见反馈的途径。这些意见反馈来自学员、学员上级、公司高层领导等，项目最终需要得到这些人员的认可，因此需要不断收集他们的意见并给予反馈。同时，项目组邀请上述人员参与项目过程中的评估既可以从不同角度获得更多的意见，也可以借复盘会与项目相关关键人员就一些关键问题达成共识。

项目过程中复盘的流程如下。

（1）组织复盘会议。一个周期较长的项目需要在每一次阶段性项目结束时进行复盘迭代。例如，如果某个为期一年的高潜人才项目将组织四次集中学习，那么就可以在每一次集中学习结束后的两周内进行复盘迭代。还可以考虑在一个长期项目的中期阶段进行一次时间较长的复盘，并考虑将这次复盘作为中期庆祝活动。

（2）回顾项目的目标和期望结果。复盘之前需要回顾项目的最初目标和期望达到的效果。参与者可以梳理项目当前的情况，找出差距。

（3）回顾项目的计划和进度。对于投入时间较长、复杂程度较高的项目，在项目设计之初就应制订项目计划，并在复盘阶段对计划进行重新审视和修正。对项目计划进行审视和修正的目的是梳理各时间节点工作任务的完成情况，找出当前进度与项目计划进度的差距，从而有效把控项目进程。例如，在项目设计之初，设定学员需要在第一次课程结束后一周撰写合格的个人发展计划,并提交上级讨论和确认。这是一项关于项目管理和学员跟踪的关键任务,在复盘阶段,可以审视这项任务的完成情况,包括学员是否了解撰写个人发展计划的目标和意义,是否能够运用所学的知识制订计划,是否针对计划与上级进行了充分沟通等。另外,甘特图(gantt chart)是一个非常有效的项目管理工具。项目组可以以甘特图等形式列出项目每个阶段的时间、课程内容和形式、核心的任务和关键动作等,并定期审视。当需要同时推动项目中的多个环节或同时推动多个项目时,使用甘特图能够更全面地把握推动进度。

(4)总结哪些方面做得成功,并分析成功的原因。通过团队会议的形式,引导项目成员对项目中的工作亮点、成功的地方进行阐述,并分析成功的原因。在这个阶段应通过鼓励的方式,让大家敞开心扉,畅所欲言。只有以开放的心态参与其中,才能够产生不同的具有创造性和建设性的意见,并逐渐达成共识。

(5)找出项目的不足,并提出改进建议。虽然项目复盘是希望能够把优秀的经验运用到未来的工作中,但是也不能忽略项目中存在的不足。只有认清了项目中的错误和不足,才能够在未来的工作中避免出现类似的错误。

在梳理项目不足的时候,项目成员可以思考以下的问题:这次项目存在的不足有哪些?产生这些问题的原因是什么?可以通过哪些措施改进这些不足?在当时的信息和知识环境下,我们是否还能做得更好?

在这个环节中还需要明确责任跟进人,以对项目中需要改进的各项措施进行跟进。

(6)整理并分发复盘记录。项目复盘的信息需要记录和整合,标注出关键的、取得共识的信息,并形成一份正式的项目文档。项目复盘结束后,将文档分发给项目成员,以促使他们能够把总结的优秀经验运用到工作中。

(7)复盘结果的运用。项目复盘结果要付诸应用才能发挥真正的价值。项目的阶段性复盘所总结的经验既可以被用于后续阶段的工作中,也可以指导类似项目的推动。

3. 项目结束后复盘

如果项目过程中进行了及时复盘,项目结束后的复盘就容易多了。此时,复盘应站在项目整体和全过程的视角进行。项目并没有完全结束。学员在今后工作中依然会持续学习,特别是将在项目中的收获固化为日常行为,在承担更重要角色时能够展现出新的思维方式和行为模式。这就需要项目团队继续关注学员今后进一步的学习转化，而项目复盘也为此提供了输入。

学员再评价

学员再评价是指在高潜人才项目开始以后，不断地收集学员的动态信息，在项目结束时对照目标角色领导胜任力，对学员是否为新的领导角色做好了准备进行全面评价，为高潜人才选用提供更多的可靠信息，降低人事决策风险。

有助于对学员进行再评价的信息来源

在项目实施过程中可以为学员建立《综合表现记录表》，作为对学员评价的基础。这份记录表的内容包括：

（1）学员的课堂表现。他们在课堂上是否积极参与（如提问、回答问题、参与讨论等）？完成课堂任务的具体表现如何？在互动学习活动中，学员是主动参与，还是在旁边观望或心不在焉？可以请多位观察员对学员个人表现进行记录。

（2）学员在行动学习中的表现。例如，学员个人在团队工作中承担了多少工作量？与他人合作得如何？是站出来承担领导角色，还是让其他人承担责任？行动学习项目的结果如何？学员是否跟进行动学习项目落地？从行动学习项目中（无论项目成果是否得到高层认同），学员学到了什么（在行动学习项目复盘中可以观察到这一点）？学员向评委汇报行动学习项目时做得怎么样？学员在回应评委提问时表现得怎么样？

（3）学员在个人发展活动中的表现。如，学员对 360 度评估结果的反应如何？他们对职业发展目标是如何表述的？个人发展计划的撰写质量如何？是否落实了个人发展计划中所计划的发展措施？

（4）直接上级、导师／教练对学员的观察。学员的直接上级能够观察到学员日常工作目标的达成情况，以及他们是否在工作中应用了项目中学到的新思维、新技能。导师和教练对学员学习与成长的主动性、应用所学等方面有发言权。

用 ORCSE 五步法对学员进行评价

在情景模拟类的人才测评中，组织经常使用 ORCSE 五步法，即观察（observe）、记录（record）、归类（classify）、总结（summarize）和评价（evaluate），对学员的行为进行评价。我们也可以将其应用于高潜人才项目中，对学员进行评价。

1. 观察

观察是指评价者对学员的言谈举止进行客观的倾听和察看，不急于做出评判和结论，保持全神贯注，不遗漏细节。如果是群体活动（如行动学习），评价者还需要观察其他人的反应。

2. 记录

记录是指评价者对学员的行为进行书面描述。记录越全面、越准确，评价就越准确，评价者之间的一致性也越高。记录时应描述学员的原始行为信息，而不应是评价性信息，如"此人相当聪明"等。

3. 归类

归类是指评价者对观察和记录到的学员的行为进行分析，并将其归类为某一项测评维度，从而对该行为所反映的心理特征做出判断。评价者需要将行为放在特定的情境中分析，不能一概而论。有的行为体现测评维度更充分、重要，有的行为则对相应测评维度的体现不够充分。另外，有的行为也不仅仅体现一项测评维度。

4. 总结

总结是指评价者应在一项任务结束后对学员的整体行为进行全面回顾。

5. 评价

评价是指评价者根据上述信息，对照行为列表或者行为锚定的评价表，对关键的测评维度进行评价。

我们可以看出，ORCSE五步法是一个客观化、系统化的过程，目的是尽量避免在评价中出现误差。常见的评价偏误如下。

（1）忽视过程信息。一般而言，评价者对开始和结束时的信息记忆犹新，但可能记不清中间的过程发生了什么。因此，对学员的评价可能会受到首因效应和近因效应的影响。

（2）偏见。评价者的预先假定（或许评价者本人没有意识到）会影响他们对学员的判断，如对稍显强势的女士的评价偏低。

（3）晕轮效应。评价者可能因学员在某个方面的表现而影响了对其进行的整体评价。

（4）强调负面信息。评价者可能会基于一点负面信息就否定一个人。减轻这种偏误影响的方法是请评价者思考他最关心什么，并判断这个负面信息是否将严重影响其未来表现。

（5）对比效应。评价者在面试完一名表现较差的候选人后可能会高估表现较好的候选人的能力。减轻这种偏误影响的方法是提前拟定评价的标准，并在评价时统一使用这个标准。

（6）第一印象偏见。评价前几分钟获得的印象可能会影响评价者对学员的整体判断。减轻这种偏误影响的方法是延迟判断，直到最后再进行最终评价。

（7）先入为主偏见。评价者可能因通过他人了解到某位学员而形成了一个预期。减轻这种偏误影响的方法是评价之前不要询问其他人对学员的印象。

（8）既往成功因素偏见。评价者可能因学员在过去有突出表现而对其做出过高评价。减轻这种偏误的方法是客观分析突出表现背后的个人因素。

领导力准备度评估

当高潜人才项目结束时，组织需要对学员进行领导力准备度评估。准备度评估是指通过多个因素来客观地评估学员为担任某个关键职位所做准备的程度。

准备度等级可以划分为专家、高、中、基础和新手五个等级，分别计5、4、3、2、1分。在实践中，如果学员数量较多且总体素质不错，就需要进行更精细的计分。此时，可分为10个分数，等级对应如表13-1所示。

表 13-1　　　　　　　　　　　准备度等级表

专家级	高级	中级	基础级	新手级
9~10	7~8	4~6	1~3	

表 13-2 是某组织的领导胜任力准备度等级表。

表 13-2　　　　　　　某组织的领导胜任力准备度评估表

等级	等级定义
等级1：新手级	在最简单的情境中应用这种胜任力 随时需要指导
等级2：基础级	在典型的情境中应用这种胜任力 时常需要指导
等级3：中级	在不平常/艰难的情境中应用这种胜任力 需要一些或不需要指导

续前表

等级	等级定义
等级4：高级	在相当艰难的情境中应用这种胜任力 需要一些或不需要指导；可以指导他人
等级5：专家级	在极其艰难的情境中应用这种胜任力 无须指导；可以成为组织的关键资源，为他人提供指导

表 13-3 是该组织的领导胜任力准备度评估表，限于本书篇幅，我们仅对"业务敏锐度"类别中的"合理判断"的等级定义进行了详细说明，供大家参考。

表 13-3　　　　　　　　某组织的领导胜任力准备度评估表

领导胜任力族	领导胜任力	等级定义	分数	优势	不足
业务敏锐度	财务管理 组织和业务知识 合理判断				
		1＝新手级：意识到决策必须基于依据而不仅是依靠本能或直觉 2＝基础级：考虑与手头问题关联的事实、目标和风险，做出及时、明智的决定 3＝中级：考虑与困难或问题相关的事实、目标和风险，做出及时、明智的决定，并能够解释决策的逻辑 4＝高级：基于合理的数据进行分析，并知晓无意识偏见在决策过程中的负面作用；做出及时的独立或团队决策；能够按照这个标准来指导他人，并解释决策逻辑 5＝专家级：打造有助于做出合理判断的环境特征，如重视以实证依据和分析为基础的独立或团队决策，并有明确的措施来消除无意识偏见的影响和阻碍正确判断的因素			
	治理 总分				

续前表

领导胜任力族	领导胜任力	等级定义	分数	优势	不足
感召式领导力	以愿景为中心				
	积极敬业				
	关注结果				
	培养和赋能				
	总分				
结果驱动	决断				
	衡量组织结果				
	流程改进				
	谈判				
	总分				
管理	社会和环境觉察				
	资源管理				
	组织知识				
	公众信任				
	总分				
人才管理	培训、培养和辅导				
	认可				
	人力规划				
	招募和甄选				
	总分				
愿景和战略思维	远见				
	协调一致				
	变革领导				
	战略心智模式				
	总分				
	合计分				

根据准备度评估结果，并对照领导角色的标准，组织可以将学员划分为以下四类。

第一类是已经做好准备、一旦有机会就可以晋升的学员。组织及其各团队可以提供近期所需职位。为了维持这类学员的积极性，可以给他们安排一些短期的拓展型工作，如领导一个跨职能任务小组等。

第二类是基本做好准备、尚需一段有针对性的历练的学员。有些学员在当前职位上表现不错，但还需要一些时间历练。组织应告知他们，在短期培养后，他们将有机会晋升。

第三类是有潜力，但尚未准备好、需要更长时间历练的学员。组织中的领导者需要讨论如何为这类学员提供历练机会，如安排他们在其他业务部门短期任职或在海外任职一段时间。

第四类是潜力不足、不适合承担更重要职位的学员。这类学员可能在高潜人才项目中表现不好，比如在课堂集中学习或行动学习项目中表现不好，或者没有将所学转化到实际工作中，工作业绩没有发生明显的变化。组织需要对他们进行适当的岗位调整。

在出现空缺职位时，组织可以从准备度高的学员中挑选符合特定职位需要的学员予以晋升，并且参照目标职位"卓越画像"中的五项具体的要求（知识技能、经历、胜任力、职业动力和性格）来决定选择哪些学员。

参考文献

[1] Jo-Ann C. Byrne, Richard T. Rees. Successful Leadership Development Program: How to Build It and How to Keep it Going [M]. San Francisco: Pfeiffer, 2006.

[2] James Intagliata, David Small. A Customized Leadership Development Program Targeted to Prepare Future Regional Managers for McDonald's Corporation [R]. San Francisco: Jossey Bass, 2005.

[3] Daniel Tobin. Feeding Your Leadership Pipeline: How to Develop the Next Generation of Leaders in Small to Mid-Sized Companies [M]. San Francisco: Berrett-Koehler, 2010.

[4] Robert Kegan. In Over Our Heads: The Mental Demands of Modern Life [M]. Massachusetts: Harvard University Press, 1998.

[5] Lynda McDermott. The Power of Peer Coaching [M]. Virginia: Association for Talent Development, 2011.

[6] George C. Thornton III, Rose A. Mueller-Hanson, Deborah E. Rupp. Developing Organizational Simulations: A Guide for Practitioners, Students, and Researchers [M]. 2nd ed. New York and London: Routledge, 2017.

［7］埃伦·凡·威尔瑟. CCL 领导力开发手册：第3版［M］. 徐中，胡金枫，译. 北京：北京大学出版社，2014.

［8］拉姆·查兰. 高管路径：卓越领导者的成长模式［M］. 徐中，杨懿梅，译. 北京：机械工业出版社，2016.

［9］罗伯特·凯根，等. 人人文化：锐意发展型组织 DDO［M］. 薛阳，倪韵岚，陈颖坚，译. 北京：北京师范大学出版社，2020.

［10］杰克·韦尔奇，等. 杰克·韦尔奇自传：钻石版［M］. 曹彦博，孙立明，丁浩，译. 北京：中信出版社，2010.

［11］杰克·韦尔奇，等. 赢：尊享版［M］. 余江，玉书，译. 北京：中信出版社，2017.

［12］诺埃尔·蒂奇，等. 领导力引擎［M］. 周景刚，译. 北京：中国人民大学出版社，2010.

［13］泰瑞·贝克汉姆. ATD 人才管理手册［M］. 曾加，李群，罗白，彭雷，等译. 北京：电子工业出版社，2020.

［14］文茂伟. 当代英美组织领导力发展：理论与实践［M］. 杭州：浙江大学出版社，2011.

［15］辛西娅·D. 麦考利，等. 美国创新领导力中心历练驱动的领导力开发：模型、工具和最佳实践［M］. 北京：电子工业出版社，2015.

［16］珍妮弗·加维·贝格. 领导者的意识进化：迈向复杂世界的心智成长［M］. 陈颖坚，译. 北京：北京师范大学出版社，2017.